Leonie Constance Schneider

Architektur als Botschaft

Die Inszenierung von Corporate Identity
am Beispiel
der neuen Botschaften in der Bundeshauptstadt Berlin

Leonie Constance Schneider

ARCHITEKTUR ALS BOTSCHAFT

Die Inszenierung von Corporate Identity
am Beispiel
der neuen Botschaften in der Bundeshauptstadt Berlin

ibidem-Verlag
Stuttgart

Die Deutsche Bibliothek - CIP-Einheitsaufnahme:

Ein Titeldatensatz für diese Publikation ist bei
Der Deutschen Bibliothek erhältlich

∞

Gedruckt auf alterungsbeständigem, säurefreien Papier
Printed on acid-free paper

ISBN: 3-89821-206-8

© *ibidem*-Verlag
Stuttgart 2002

Alle Rechte vorbehalten

Das Werk einschließlich aller seiner Teile ist urheberrechtlich geschützt. Jede Verwertung außerhalb der engen Grenzen des Urheberrechtsgesetzes ist ohne Zustimmung des Verlages unzulässig und strafbar. Dies gilt insbesondere für Vervielfältigungen, Übersetzungen, Mikroverfilmungen und elektronische Speicherformen sowie die Einspeicherung und Verarbeitung in elektronischen Systemen.

Printed in Germany

„Die Architektur ist die öffentlichste der Künste und daher auch jene, die über die äußere Erscheinung am meisten ‚Botschaft' transportieren kann."

(Peter Koslowski)

(Prof. Dr. Peter Koslowski ist Direktor des Forschungsinstituts für Philosophie in Hannover. Das Zitat stammt aus seinem Beitrag zum Symposium: *Das kultivierte Unternehmen – Funktion und Bedeutung der Architektur im System der ‚Corporate Identity'*, das von der Bayerischen Architektenkammer am 16. März 1989 in München veranstaltet wurde.)

INHALTSVERZEICHNIS

A) EINLEITUNG 11

B) ARCHITEKTUR ALS BESTANDTEIL VON CORPORATE IDENTITY UND DIE BESONDERHEITEN ALS STAATSBEZOGENES KONZEPT 15

1. CORPORATE IDENTITY 15
   1.1 CI - Die unverwechselbare Persönlichkeit 15
   1.2 Der Corporate Identity-Mix 17
2. ARCHITEKTUR UND CORPORATE IDENTITY – MEHR ALS NUR FASSADE 19
   2.1 Definition und Funktion von Architektur 19
   2.2 Architektur und ihre Bedeutung im Konzept der Corporate Identity ... 21
   2.3 Einflußfaktoren der gebauten visuellen Identität 25
   2.4 Umsetzung von Identity-Architektur 27
3. ÜBERTRAGUNG DES CI–KONZEPTS AUF DIPLOMATISCHE VERTRETUNGEN .. 29
   3.1 Ansatzpunkte eines CI-Konzepts bei Botschaften 29
   3.2 Möglichkeiten und Grenzen des CI-Konzepts für Botschaften 32

C) VISUELLE IDENTITÄT AM BEISPIEL AUSGEWÄHLTER DIPLOMATISCHER VERTRETUNGEN 35

1. BOTSCHAFTEN ALS DIPLOMATISCHE UNIKATE IN BERLIN 35
   1.1 Besondere bauliche Anforderungen 35
   1.2 Geschichte der Botschaften in Berlin 35
   1.3 Besondere Bedeutung der neuen Hauptstadt Berlin und Gestaltungsanspruch 37
2. DIE BRITISCHE BOTSCHAFT - DAS BUNTE HAUS 38
   2.1 Der Wettbewerb und sein Gewinner Michael Wilford 39
   2.2 Präsentation des Gebäudes 40
   2.3 Die Botschaft und Öffentlichkeit 41
   2.4 Architektur als visuelle Identität Großbritanniens und ihre Wirkung .. 42
3. DIE FRANZÖSISCHE BOTSCHAFT – EINE KRITISCHE REKONSTRUKTION 48
   3.1 Der Wettbewerb und sein Gewinner Christian de Portzamparc 49
   3.2 Präsentation des Gebäudes 50
   3.3 Die Botschaft und Öffentlichkeit 52

3.4 Architektur als visuelle Identität Frankreichs und ihre Wirkung 52
4. DIE MEXIKANISCHE BOTSCHAFT – DIPLOMATIE DER SÄULEN....................56
   4.1 Der Wettbewerb und seine Gewinner Teodoro Gonzaléz de León und Francisco Serrano 57
   4.2 Präsentation des Gebäudes 58
   4.3 Die Botschaft und Öffentlichkeit 59
   4.4 Architektur als visuelle Identität Mexikos und ihre Wirkung..............60
5. DIE NORDISCHEN BOTSCHAFTEN – DAS GRÜNE BAND DER SYMPATHIE........65
   5.1 Der Wettbewerb und seine Gewinner Alfred Berger und Tiina Parkkinen 66
   5.2 Präsentation des Gesamtkomplex mit Gemeinschaftshaus..................67
   5.3 Die nordischen Botschaften und Öffentlichkeit 69
   5.4 Architektur als Ausdruck nordischer Identität und ihre Wirkung........69
6. KRITISCHE BETRACHTUNG...74

D) SCHLUSSBETRACHTUNG UND AUSBLICK..................................... 83

E) BIBLIOGRAPHIE 87

F) ANHANG 97

   Anhang 1: Pariser Platz...98
   Anhang 2: Kunstwerke in den Botschaften 99
   Anhang 3: Eingang - nordische Botschaften.. 100
   Anhang 4: Entwurfskonzept - nordische Botschaften 101
   Anhang 5: Tiergarten... 102
   Anhang 6: Interview an den Botschaften, Berlin - Fragenkatalog........... 103
   Anhang 7: Interview mit Heike Andrees - Fragenkatalog 104
   Anhang 8: Telefoninterview mit Gerhardt Regenthal - Fragenkatalog.... 105
   Anhang 9:Adressen der Botschaften.. 106

ABBILDUNGSVERZEICHNIS

	Seite
Abb. 1: Fassadenansicht - britische Botschaft	38
Abb. 2: Innenhof – britische Botschaft	38
Abb. 3: Infotresen und „grand staircase" - britische Botschaft	38
Abb. 4: Wintergarten – britische Botschaft	38
Abb. 5: Ansicht Pariser Platz – französische Botschaft	48
Abb. 6: Hoflandschaft - französische Botschaft	48
Abb. 7: Fassadenansicht - französische Botschaft	48
Abb. 8: Fassadenansicht – mexikanische Botschaft	56
Abb. 9: Foyer mit Pflanzentreppe - mexikanische Botschaft	56
Abb. 10: Zentralzylinder - mexikanische Botschaft	56
Abb. 11: Kupferband – nordische Botschaften	65
Abb. 12: Gesamtkomplex - nordische Botschaften	65
Abb. 13: Fassade Gemeinschaftshaus - nordische Botschaften	65
Abb. 14: Foyer Gemeinschaftshaus - nordische Botschaften	65
Abb. 15: Möbeldesign - nordische Botschaften	65
Abb. 16: Pariser Platz um 1919	98
Abb. 17: Altes Botschaftsgebäude um 1934	98
Abb. 18: Skulptur, Tony Cragg – britische Botschaft	99
Abb. 19: Kunstwerke – mexikanische Botschaft	99
Abb. 20: Kunstwerke – nordische Botschaften	99
Abb. 21: Ansicht Portal- nordische Botschaften	100
Abb. 22: Skizze Schnittlinien - nordische Botschaften	101
Abb. 23: Modell: Gesamtkomplex - nordische Botschaften	101
Abb. 24: Luftbild: nordische Botschaften/ mexikanische Botschaft	102

ABKÜRZUNGSVERZEICHNIS

CI   Corporate Identity
DDR   Deutsche Demokratische Republik
PR   Public Relations

A) EINLEITUNG

Visuelle Identität schafft Profil - eine Erkenntnis, die einleuchtet, berücksichtigt man die Signalwirkung einer durchdachten Gestaltung. Tatsächlich nutzen heute Unternehmen, aber auch Institutionen aus Politik und Gesellschaft, vor dem Hintergrund des zunehmenden Wettbewerbs und der Informationsüberflutung, eine *Corporate Identity*-Strategie, um das eigene Image positiv zu beeinflussen und sich zu profilieren. Dabei bezog sich das *Corporate Identity*-Konzept anfangs vor allem auf das Erscheinungsbild, während es heute als ganzheitlicher Ansatz Verhalten, Kommunikation und Erscheinungsbild umfaßt.

Unternehmen und Organisationen, die ihre Energien hierauf konzentrieren, übersehen oft, welche besondere Bedeutung die Architektur in diesem Zusammenhang haben kann. Allzu häufig wird dieses Thema vernachlässigt, obwohl es schon einige positive Beispiele der Profilierung - bewußt oder unbewußt - durch Architektur gibt.[1] Diese Sichtweise erscheint brisant, wenn man bedenkt, daß jährlich Millionenbeträge in Neubauten investiert werden. Angesichts vieler moderner und aufwendiger Projekte fragt man sich, warum Architekt und Bauherr gerade diese Bauweise gewählt haben. Den wenigsten Bauherren ist dabei bewußt, daß der Bau eines Unternehmens oder anderer Institutionen ein imageprägendes Spiegelbild ist. Gerade deshalb sollte Architektur mehr als funktionale Zweckerfüllung sein, denn schließlich ist *Ansehen* ja auch eine Frage des *Aussehens*. Wer baut, trägt aber auch im besonderen Maße Verantwortung für seine Umgebung und die Nachwelt, denn Architektur ist dauerhaft präsent und nicht zu übersehen.

Die vorliegende Studie soll auf die besondere Bedeutung der Architektur im System der *Corporate Identity (CI)* aufmerksam machen. Dies geschieht jedoch nicht an einem Beispiel aus der Wirtschaft, sondern am Beispiel politischer Institutionen, die zur Zeit in der neuen Bundeshauptstadt Berlin besonders viel Wert auf ihre architektonische Erscheinung legen: die neuen Botschaftsgebäude. Die Idee, beim Botschaftsbau landestypische Merkmale im Ausland hervorzuheben, ist dabei keinesfalls neu, denn Harry Truman wollte schon 1948, die Welt mit einem

---

[1] Zwei bekannte Beispiele sind die BMW-Zentrale in München und die Hongkong-Shanghai Bank in Hongkong.

„Netz aus Weißen Häusern"[2] überspannen, wobei alle amerikanischen Botschaften mit der Fassade des Weißen Hauses in Washington ausgestattet werden sollten.

Für die Untersuchung wurden in dieser Arbeit nur Neubauten betrachtet, da diese im besonderen Maße Möglichkeiten zur architektonischen Gestaltung und Selbstdarstellung bieten. Länder, die mit ihren Botschaften ältere Gebäude beziehen, bieten sich somit für die Untersuchung nicht in gleicher Weise an. Die Auswahl der Botschaften fand dabei vor allem nach dem Kriterium der Auffälligkeit und Besonderheit statt. Gegenstand der Untersuchung sind die britische-, die französische– und die mexikanische Botschaft sowie der Gesamtkomplex der nordischen Botschaften.

Ziel ist es, an diesen anschaulichen Beispielen der Gegenwart zu zeigen, welchen tatsächlichen Stellenwert die Architektur in der Profilierung einer Identität hat. Dabei ist auch interessant zu sehen, wie das Konzept der *Corporate Identity* von der Wirtschaft auf einen anderen Bereich wie den der staatsbezogenen Repräsentation, übertragen werden kann. Die Ergebnisse dieser Untersuchung sollen als Anregung sowohl für Wirtschaft als auch für Politik und Gesellschaft dienen, Architektur zum festen Bestandteil eines *Corporate Identity*-Konzepts zu machen und bewußter mit architektonischen Entscheidungen umzugehen.

Die Studie setzt sich aus zwei Teilen zusammen, wobei zunächst die besondere Bedeutung der Architektur im Konzept von *Corporate Identity* herausgearbeitet wird. Dabei werden auch Hinweise zur praktischen Umsetzung von *Identity-Architektur* gegeben, die die architektonische Darstellung der Identität verfolgt. Um den Bogen von der Wirtschaft zur Politik zu spannen, wird anschließend gezeigt, daß das *Corporate Identity*–Konzept auch auf andere Organisationen außerhalb des wirtschaftlichen Kontextes, wie Botschaften, anwendbar ist. Nach Berücksichtigung der besonderen Anforderungen von Botschaften, die nicht dem Wettbewerb ausgesetzt sind oder profitorientiert agieren, wurden hier Ansatzpunkte für eine *CI*-Strategie entwickelt. Diese Übertragung macht nicht zuletzt das große Anwendungspotential von *Corporate Identity* deutlich.

---

[2] Zitiert nach Lankes, Ch.: *Politik und Architektur. Eine Studie zur Wirkung politischer Kommunikation auf Bauten staatlicher Repräsentation*, München 1995, S. 31.

Im zweiten Teil wird zunächst auf die besondere Situation der diplomatischen Vertretungen in Berlin eingegangen, die durch den Regierungswechsel von Bonn nach Berlin entstanden ist. Anhand der vier gewählten Botschaften wird dann dargestellt, wie die eigene Identität und das Selbstverständnis durch Architektur sichtbar gemacht werden. Die Untersuchung findet dabei systematisch statt: Auf die Modalitäten des Wettbewerbs folgt eine kurze Gebäudebeschreibung, um einen Eindruck der baulichen Besonderheiten zu erhalten. Im nächsten Schritt werden Berührungspunkte mit der Öffentlichkeit aufgezeigt, die für die architektonische Botschaft unerläßlich sind. Schließlich wird untersucht, inwiefern die Architektur jeweils ein visueller Ausdruck der landestypischen Identität ist und welche Wirkung sie dabei hat. Dabei stellen die Erkenntnisse zur erfolgreichen Realisierung von *Identity-Architektur* wichtige Anhaltspunkte dar. Den Abschluß der Untersuchung bildet eine kritische Betrachtung, die der Frage nachgeht, ob die Umsetzung der Identität durch Architektur gelungen ist, wobei auch die Reaktionen der Presse berücksichtigt werden.

In den ersten Teil der Abhandlung fließen Aspekte der *CI*-Theorie ein, die in der einschlägigen Literatur zu finden sind. Wie bereits angesprochen, wird die Architektur hier jedoch äußerst vernachlässigt und meist nur kurz im Rahmen von *Corporate Design* erwähnt. Tatsächlich haben sich bisher nur sehr wenige Autoren mit dieser Thematik auseinandergesetzt, so daß hier ein großer Nachholbedarf besteht. Die wenigen Pioniere auf diesem Gebiet beschäftigen sich zudem mit Industriearchitektur oder Bank- und Versicherungsgebäuden, so daß in der vorliegenden Untersuchung die Ansätze weiterentwickelt wurden, um eine allgemeinere Betrachtung und damit auch Anwendbarkeit von Architektur im Konzept von *Corporate Identity* zu ermöglichen. Die Übertragung des Konzepts auf Botschaften richtet sich ebenfalls nach den Ansätzen einiger Autoren, die das *CI*-Konzept auch außerhalb der Wirtschaft für erfolgreich ansehen.

Grundlage der Untersuchung im zweiten Teil war ein Besuch in Berlin, bei dem sowohl eine Besichtigung der verschiedenen Botschaften stattfand, als auch Interviews mit Botschaftsvertretern geführt wurden. Daneben enthielten Broschüren und Wettbewerbsunterlagen, die von den Botschaften zur Verfügung gestellt wurden, weitere wichtige Informationen. Eine Ausnahme stellt die französische Botschaft dar; da diese zum Zeitpunkt der Untersuchung noch nicht fertiggestellt war, konnte das Gebäude nicht besichtigt werden. Folglich stützt sich die Gebäudebeschreibung ausschließlich auf das Modell der Botschaft. Auch die Presseartikel beziehen sich lediglich auf das Projekt und nicht auf ein fertiges Gebäude, so daß die Wirkung der Architektur hier vorerst nur erahnt werden kann.

B) ARCHITEKTUR ALS BESTANDTEIL VON CORPORATE IDENTITY UND DIE BESONDERHEITEN ALS STAATSBEZOGENES KONZEPT

1. Corporate Identity

1.1 CI - Die unverwechselbare Persönlichkeit

Im Zuge der fortschreitenden Globalisierung und zunehmenden Verflechtung von Wirtschaft und Gesellschaft erscheint für viele Organisationen eine Abgrenzung gegenüber ihren Konkurrenten immer wichtiger, um die eigenen Kompetenzen hervorzuheben und Vertrauen in der Öffentlichkeit zu gewinnen. Auch im Wettbewerb um leistungsstarke und motivierte Mitarbeiter ist eine professionelle Profilierung vorteilhaft, da gute Mitarbeiter heute nicht mehr allein durch finanzielle Anreize geworben werden können.[3] Inzwischen hat sich dabei das *Corporate Identity*-Konzept als geeignete Strategie entwickelt, weil es durch eine konsequente Vermittlung der Persönlichkeit nach innen und außen zu einer verstärkten Wahrnehmung und Akzeptanz in der Öffentlichkeit führt.

Ziel ist es, mit Hilfe einer *CI*-Strategie den Bekanntheitsgrad zu erhöhen, die Wiedererkennung anhand typischer Merkmale zu verstärken, ein positives Image zu etablieren sowie die Identifikation der Mitarbeiter mit der Organisation zu fördern.[4] Dabei hat *Corporate Identity* sowohl eine interne als auch eine externe Kommunikationswirkung. Nach innen sorgt sie für ein verstärktes „Wir-Bewußtsein" der Mitarbeiter, was die Leistungsmotivation positiv beeinflussen kann. Extern hat sie hauptsächlich eine PR-Wirkung,[5] welche die Position in der Öffentlichkeit stärken und Glaubwürdigkeit, Verständnis und Vertrauen schaffen soll.[6]

---

[3] Vgl. Wiedmann, K.-P.: *Corporate Identity als strategisches Orientierungskonzept, Skizze eines erweiterten CI-Bezugsrahmens als Grundlage einer erfolgreichen Identitätspolitik*, Mannheim 1987, S. 3.
[4] Vgl. Regenthal, G.: *Identität und Image, Corporate Identity, Praxishilfen für das Management in Wirtschaft, Bildung und Gesellschaft*, Köln 1992, S. 9f.
[5] PR = Public Relations.
[6] Vgl. Gutjahr, G., Keller, I.: „Corporate Identity – Meinung und Wirkung", in: *Corporate Identity, Grundlagen, Funktionen, Fallbeispiele*, hrsg. v. K. Birkigt, M. M. Stadler, H. J. Funck, 6. Auflage, Landsberg/Lech 1993, S. 81ff.

Der Begriff *Corporate Identity* stammt aus dem angloamerikanischen Sprachraum und bedeutet in der deutschen Übersetzung *Identität von Körperschaften* (Unternehmen oder Organisationen).[7] Besonders auf dem Gebiet der Soziologie und der Psychologie stößt man auf den Begriff der Identität. Er leitet sich vom lateinischen Wort *idem* „dasselbe" ab. „Identität" meint die charakteristische Eigenart und Einmaligkeit eines Individuums. Die Identität kann dabei nur durch die Abgrenzung von einem Gegenüber gebildet werden.[8] Identitätsgewinnung und -erhaltung erfolgt also durch wechselseitige Beziehungen mit anderen Personen und ist ein fortlaufender Prozeß.[9] Diese Auffassung macht die Dynamik von *Corporate Identity* deutlich.

Der Ausdruck *Corporate Identity* wird seit Anfang der siebziger Jahre[10] in Europa und im deutschsprachigen Raum vor allem im wirtschaftlichen Kontext verwendet und unterlag seitdem vielen Definitionsversuchen unterschiedlicher Autoren. Die heute wohl am häufigsten verwendete Definition findet sich bei Birkigt/Stadler.[11] Demnach ist *Corporate Identity*

> „[...] die strategisch geplante und operativ eingesetzte Selbstdarstellung und Verhaltensweise einer Organisation nach innen und außen auf Basis einer festgelegten Organisationsphilosophie, einer langfristigen Organisationszielsetzung und eines definierten (Soll-)Images – mit dem Willen, alle Handlungsinstrumente der Organisation in einheitlichem Rahmen nach innen und außen zur Darstellung zu bringen."[12]

Corporate Identity beschäftigt sich also mit der Frage, was eine Organisation eindeutig als Persönlichkeit in ihrer Umwelt erkennbar macht. Damit

---

[7] Vgl. Stammbach, R.: *Corporate Identity, Verhaltenswissenschaftliche Grundlagen mit Fallbeispielen aus dem Bereich Einkaufszentren*, Bern 1993, S. 21.

[8] Vgl. Erikson, E. H.: *Identität und Lebenszyklus*, Frankfurt/ Main 1980, S. 18.

[9] Vgl. Kutschinski-Schuster, B.: *Corporate Identity für Städte. Eine Untersuchung zur Anwendbarkeit einer Leitstrategie für Unternehmen auf Städte*, Reihe Designtheorie, Bd.1, hrsg. v. S. Maser, Essen 1993, S. 74f.

[10] Vgl. Regenthal G.: *Identität und Image, Corporate Identity*, Köln 1992, S. 13.

[11] Um die Anwendungsmöglichkeit von *CI* auch außerhalb des wirtschaftlichen Kontexts zu verdeutlichen, wurde die Definition leicht modifiziert, indem anstelle des Ausdrucks „Unternehmen" der allgemeinere Begriff „Organisation" gewählt wurde.

[12] Birkigt, K., Stadler, M. M., Funck, H. J.: „Corporate Identity – Grundlagen", in: *Corporate Identity, Grundlagen, Funktionen, Fallbeispiele*, hrsg. v. K. Birkigt, M. M. Stadler, H. J. Funck, 6. Auflage, Landsberg/Lech 1993, S. 18.

sind alle Maßnahmen gemeint, die zur Identifizierung in der Öffentlichkeit dienen.

1.2 Der Corporate Identity-Mix

Corporate Identity ist der Oberbegriff für eine Vielzahl kommunikativer Aktivitäten einer Organisation, die strategisch geplant werden. So bezieht sich *Corporate Identity* auf Verhalten (*Corporate Behaviour*), Kommunikation (*Corporate Communication*) und Erscheinungsbild (*Corporate Design*). Diese Komponenten bilden die Struktur einer *Corporate Identity*, die in Anlehnung an das Marketing als *Corporate Identity-Mix* bekannt ist.[13]

Im Mittelpunkt des *CI-Mix* steht die Persönlichkeit der Organisation. Sie ist nicht nur der dynamische Kern der eigenen Identität sondern auch Ausgangs- und Bezugspunkt der einzelnen Komponenten. Die Persönlichkeit ist dabei das eigene Selbstverständnis, welches sich im Laufe der Zeit jedoch immer wieder verändert und weiterentwickelt. Für eine wirksame *Corporate Identity* ist es unerläßlich, daß sich die Organisation selbst kennt und sich über ihren Zweck und ihre Ziele, ihre Stärken und Schwächen, sowie über ihre soziale Rolle und Funktion in der Gesellschaft bewußt ist.[14]

Unter *Corporate Behaviour* versteht man die „in sich schlüssigen und damit widerspruchsfreien Verhaltensweisen der Organisationsmitglieder im Innen- und Außenverhältnis."[15] Die im Selbstverständnis definierten Werte sollen von der ganzen Organisation konkret gelebt werden. Ziel ist es deshalb, daß diese Werte für alle Mitglieder der Organisation zum festen Bestandteil ihrer Verhaltensgewohnheiten werden.[16] *Corporate Behaviour* gilt für viele Autoren als das wichtigste und wirksamste Instrument der *Corporate Identity*, da eine Organisation, ähnlich einer Person, stärker durch ihr Verhalten als durch ihre Äußerungen geprägt ist.

---

[13] Vgl. ebd. S. 19.
[14] Vgl. Linneweh, K.: „Corporate Identity - ein ganzheitlicher Ansatz", in: *Kompendium Corporate Identity und Corporate Design*, hrsg. v. N. Daldrop, Stuttgart 1997, S. 15.
[15] Wiedmann, K.- P.: *Corporate Identity als strategisches Orientierungskonzept*, 1987, S. 4f.
[16] Vgl. Linneweh, K., in: *Kompendium Corporate Identity und Corporate Design*, 1997, S. 16.

Corporate Communication bezeichnet die interne und externe Kommunikation einer Organisation im Rahmen von *Corporate Identity*. Es handelt sich um eine verbale Selbstdarstellung mit dem Ziel, die Einstellungen der Öffentlichkeit und der Mitarbeiter gegenüber der Organisation positiv zu beeinflussen.[17] Die Kommunikation ist ein äußerst flexibles Instrument, denn sie kann sowohl langfristig strategisch, als auch taktisch eingesetzt werden. Problematisch ist dabei jedoch, daß der taktische Einsatz sich oft eher am Anlaß orientiert als an der Forderung, die Identität konzeptionstreu darzustellen. Dadurch können die Bemühungen um eine *Corporate Identity* erheblich gestört werden.[18] Eine zentrale Steuerung und Koordinierung aller Kommunikationsaktivitäten erscheint unter diesem Aspekt besonders wichtig, um einer Verselbständigung entgegen zu wirken und Glaubwürdigkeit zu gewährleisten.[19]

Corporate Design ist die visuelle Darstellung der Persönlichkeit durch „ein bewußt geplantes, umfassendes Designprogramm, das sämtliche Dienstleistungen und Einrichtungen einer Organisation mit klaren, prägnanten und einheitlichen - aber nicht gleichen - Gestaltungsmerkmalen versieht."[20] Das einheitliche Zusammenwirken von Produkt-, Graphik- und Architekturdesign bewirkt dabei optische Geschlossenheit im Rahmen einer *Corporate Identity*. Ein in Harmonie mit den anderen *CI*-Komponenten gut geplantes und konsequent gestaltetes *Corporate Design* verleiht der Organisation Einprägsamkeit und Attraktivität und macht sie optisch unverwechselbar. Damit ist *Corporate Design* ein wesentliches Element im *CI-Mix* und maßgeblich an der Imagebildung beteiligt.[21] Extern läßt das Erscheinungsbild schnell erste Rückschlüsse auf die Persönlichkeit und die spezifischen Kompetenzen zu. Intern wird das Selbstverständnis für die Mitglieder unmittelbar erlebbar. Ein anspruchsvolles, attraktives Design schafft Identifikation mit der Organisation und fördert die Motivation, sich selbst für die *Corporate Identity* zu en-

---

[17] Vgl. Regenthal, G.: *Identität und Image*, 1992, S. 11.
[18] Vgl. Birkigt, K., Stadler, M. M., Funck, H. J., in: *Corporate Identity, Grundlagen, Funktionen, Fallbeispiele*, 1993, S. 22.
[19] Vgl. Lingenfelder, M., Spitzer, L.: *Determinanten der Realisierung und Wirkungen einer Corporate Identity*, Arbeitspapier Nr. 62, Mannheim 1987, S. 19f.
[20] Linneweh, K., in: *Kompendium Corporate Identity und Corporate Design*, 1997, S. 19.
[21] Vgl. Keller, I.: *Das CI-Dilemma, Abschied von falschen Illusionen*, Wiesbaden 1990, S. 57.

gagieren.[22] Wichtig für die interne und externe Wirkung ist Kontinuität in der Gestaltung. Dabei können jedoch mit der Zeit auch Anpassungen notwendig sein, entweder um einer sich weiterentwickelnden Persönlichkeit gerecht zu werden oder um nicht altmodisch zu wirken.[23]

Der *CI–Mix* dient folglich der Vermittlung der Persönlichkeit einer Organisation im sozialen Umfeld. Ziel ist es, als in sich geschlossene, harmonische und überzeugende Persönlichkeit aufzutreten, um so Widerstände und Vorurteile abzubauen. Das durch *Corporate Identity* vorgegebene Bild muß dabei mit der Wirklichkeit übereinstimmen, um glaubhaft zu sein. Über den gezielten langfristigen Einsatz des *Corporate Identity-Mix* gewinnt die Organisation an Profil – das *Corporate Image* entsteht.[24]

2. Architektur und Corporate Identity – mehr als nur Fassade

2.1 Definition und Funktion von Architektur

„Architektur ist schon im ursprünglichen antiken Wortsinn ein umfassender und vielschichtiger Begriff. Von seinen zwei altgriechischen Wortwurzeln bezeichnet die eine (*arch-*) das Anfangen, Anführen und Unternehmen, die andere (*tekton*) das Erfinden, Hervorbringen, Verfestigen, Bilden und Bauen. Im Beruf des Architekten vereinigen sich alle diese Tätigkeitsfelder. Architektur ist eine Summe schöpferischer Tätigkeiten."[25]

Architektur hatte ursprünglich einen elementaren Zweck. Sie sollte Schutz gegen Klima und Feinde bieten, und damit vor allem die Existenz des Menschen sichern. Mit der Entwicklung der Menschheit zu einer zivilisierten Gesellschaft kamen weitere Aufgaben hinzu, welche die Architektur erfüllen mußte. Neben der Schutzfunktion sollte die Architektur nun auch private und öffentliche Bedürfnis-

---

[22] Vgl. Linneweh, K., in: *Kompendium Corporate Identity und Corporate Design*, 1997, S. 18f.
[23] Vgl. Lingenfelder, M., Spitzer, L.: *Determinanten der Realisierung und Wirkungen einer Corporate Identity*, 1987, S. 17.
[24] Vgl. Birkigt, K., Stadler, M. M., Funck, H. J., in: *Corporate Identity, Grundlagen, Funktionen, Fallbeispiele*, 1993, S. 23.
[25] Müller, W., Vogel, G.: *dtv-Atlas zur Baukunst, Tafeln und Texte*, Bd.1, 9. Auflage, München 1992, S. 11.

se, wie Raum für Erholung und Arbeit, Abgrenzung, Verwaltung etc. erfüllen. Ebenso wichtig wurde die repräsentative Selbstdarstellung und Symbolik.[26]

Heute unterscheidet man drei Hauptfunktionen der Architektur. Die kommunikative Funktion vermittelt die geistige Botschaft der Architektur, indem sie die eigentliche Idee den Betrachtern und Nutzern verdeutlicht. Die Zweckfunktion orientiert sich dagegen an den Zielvorstellungen des Bauherren und der angestrebten Nutzung. Schließlich stellt die organisatorische Funktion den reibungslosen organisatorischen Ablauf sicher, indem sie für eine sinnvolle Anordnung der Räumlichkeiten sorgt.[27]

Untersucht man die Bedeutung der Architektur für das Konzept *der Corporate Identity*, so ist sicherlich die Kommunikationsfunktion von besonderem Interesse, denn die Identität kann durch die nonverbale Kommunikation der Architektur vermittelt werden. Umberto Eco untersucht in seiner „Einführung in die Semiotik" [28] unter anderem die Semiotik [29] der Architektur und zeigt, daß Architektur tatsächlich ein Zeichen mit Bedeutungsinhalten ist. Er geht davon aus, daß Architektur von architektonischen Codes überlagert ist, die er in syntaktische und semantische Codes[30] unterscheidet. Für die Kommunikation ist der semantische Code von Bedeutung, der sich wiederum in einen funktionsbezogenen denotativen (z.B. Fenster = Licht) und einen bedeutungsgeladenen konnotativen (z.B. Fenster = Transparenz, Offenheit) Inhalt teilt. Ein immer wieder angeführtes Beispiel für konnotative Inhalte sind gotische Kathedralen (nach oben strebende Formen = Aufstieg der Seele zu Gott). Der konnotative Inhalt ermöglicht die Interpretation von Gebäudeformen unabhängig von der Funktion, wobei die Form zum bildhaften Zeichen mit Bedeutungsinhalten wird. Damit wird das Gebäude zur „Skulptur", die das Image

---

[26] Vgl. ebd., S. 14f.
[27] Vgl. Schwanzer, B.: *Die Bedeutung der Architektur für die Corporate Identity eines Unternehmens, Eine empirische Untersuchung von Geschäften und Bankfilialen*, Diss., Wirtschaftsuniversität Wien, Schriftenreihe empirische Marktforschung, Band 2, Wien 1985, S. 24f.
[28] Eco, U.: *Einführung in die Semiotik*, 8. Auflage, München 1994.
[29] Vgl. ebd., S. 31f.: Semiotik = Lehre von den Zeichen. Die Semiotik untersucht alle kulturellen Prozesse als Kommunikationsprozesse.
[30] Vgl. ebd., S. 329: Syntaktische Codes = kein Bezug zur Funktion, sondern nur strukturale Logik (Balken, Decken, Betontragwerke etc.), bezieht sich auf elementare Grundeinheiten; Semantischer Code: Beziehung zwischen Zeichen und Bedeutung besteht (Dach = Schutz, Fenster = Licht).

der Organisation bzw. des Bauherren entscheidend prägt. Als dreidimensionale Form liegt die vierte Dimension von Architektur also in der geistigen Ausstrahlung.[31]

2.2 Architektur und ihre Bedeutung im Konzept der Corporate Identity

Obwohl die Bedeutung der Architektur im Konzept der *Corporate Identity* auch heute noch oft unterschätzt wird, ist Architektur eindeutig ein wichtiger Bestandteil dieses Konzepts. Sinnvoll eingesetzt, kann sie ein effektives Instrument zur Differenzierung und Positionierung von Unternehmen und anderen Organisationen in Zeiten des verschärften Wettbewerbs und der Informationsübersättigung sein. Nach Daldrop[32] ist der Begriff *Corporate Architecture* oder *Identity-Architektur*[33] seit Ende der achtziger Jahre als mögliche Ausdrucksform von Unternehmenskultur zwar oft gefallen, es fehlt jedoch eine wirkliche Durchsetzung als Marketingfaktor, so daß man immer wieder auf die Notwendigkeit von Architektur in Zusammenhang mit *Corporate Identity* hinweisen muß.

Sicherlich ist es keine einfache Angelegenheit, die eigene Identität, die oft abstrakt formuliert wird, in eine Gebäudeform zu fassen. Trotzdem sollten sich verantwortungsbewußte Bauherren verstärkt darum bemühen, ein Gebäude im Einklang mit der Philosophie ihrer Organisation zu schaffen, um auf diese Weise innere Werte sichtbar zu machen. Jedes Gebäude hat natürlich eine gewisse Zweckmäßigkeit und Funktion zu erfüllen. Daneben bieten sich jedoch auch zahlreiche Möglichkeiten, den Bau individuell zu gestalten und die eigene Identität durch die nonverbale Kommunikationswirkung der Architektur umzusetzen.

Ein *CI*-Konzept, das die Architektur nicht berücksichtigt, wird dem Anspruch von *Corporate Identity* nicht gerecht. Denn eine ausdruckslose oder sogar schlechte Architektur wirkt sich negativ auf das Image aus, so daß der positive Gesamteindruck, der durch ein *CI*-Konzept verfolgt wird, erheblich gestört wird. Archi-

---
[31] Vgl. Schwanzer, B., *Die Bedeutung der Architektur für die Corporate Identity eines Unternehmens*, 1985, S. 19.
[32] Vgl. Daldrop, N.: „C.I. und Architektur – mehr als nur Fassade", in: *Kompendium Corporate Identity und Corporate Design*, hrsg. v. derselbe, Stuttgart 1997, S. 58f.
[33] Zwar werden die Begriffe in der Literatur synonym gebraucht, im folgenden wird jedoch aus Gründen der Einheitlichkeit ausschließlich der neudeutsche Begriff *Identity- Architektur* verwendet.

tektur kann dagegen als Träger von Botschaften ein angestrebtes Image durchaus mittragen und verstärken, indem sie Merkmale, Qualitäten und Vorstellungen zum Ausdruck bringt. Ein Generalrezept gibt es dabei nicht; die Lösung entsteht immer aus den individuellen Anforderungen. Die Bauherren sollten folglich über den Mehrwert der Architektur nachdenken und in angenehme Arbeitsplätze, attraktiveres Design und phantasievollere Baukörper investieren sowie für eine stärkere Verflechtung mit dem städtischen oder landschaftlichen Umfeld sorgen. Der Architekt sollte dagegen neben den praktischen Bedingungen in erster Linie dem „Geist des Hauses ein adäquates Gefäß formen".[34] Voraussetzung dafür ist jedoch, daß er den Geist des Hauses kennt.

Ziel der *Identity-Architektur* ist nicht die schöne Oberfläche, oder eine „Star-Architektur", sondern die Darstellung des Inhalts. Soll Architektur Träger der Identität werden und Werte symbolisieren, so muß am Anfang des architektonischen Prozesses diese Identität deutlich formuliert und dem Architekten vermittelt werden. Somit sind Architektur und Identität wechselseitig miteinander verbunden und voneinander abhängig, denn durch Identität wird die Architektur bestimmt, die dann im Idealfall wiederum Teil der Identität wird.[35] Wenn Architektur von der zentralen Idee aus gedacht, entwickelt und gebaut wird, rückt der ausgeprägte Selbstdarstellungswille mancher Bauherren, der bei vielen repräsentativen Gebäuden zu erkennen ist, automatisch in den Hintergrund.[36]

Ein zentrales Problem von *Identity-Architektur* ist nach Gerken[37] das Vermittlungsproblem zwischen Bauherren und Architekten. Der Schwachpunkt liegt in den unklaren Planungsvorgaben, denn dem Bauherrn ist zum einen die Welt des Architekten fremd, zum anderen hat er oft Schwierigkeiten, die Identität zu objek-

---

[34] Antonoff, R.: „Die Bedeutung der Architektur für die Unternehmensidentität"- ein Gespräch mit Peter M. Bode, in: *CI-Report 86/87, Unternehmenskultur, Unternehmenskommunikation, Unternehmensgestalt*, hrsg. v. Frankfurter Allgemeine Zeitung, Darmstadt 1986, S. 41ff.
[35] Vgl. Novotny, F.: „Ein Geist wird zur Materie, Wie man einen Firmengeist baut", in: *Mehr Produktivität durch gute Räume, Manager entdecken die Wirkung der Architektur*, hrsg. v. G. Luedecke, Düsseldorf 1991, S. 115ff.
[36] Vgl. Heinrich, D.: „Corporate Identity, Zum inneren Wandel des Identitätskonzepts", in: *Mehr Produktivität durch gute Räume, Manager entdecken die Wirkung der Architektur*, hrsg. v. G. Luedecke, Düsseldorf 1991, S. 61.
[37] Vgl. Gerken, G.: „Kultur ... aus Stein gebaut, Zur Methodologie der Identity-Architektur", in: *Mehr Produktivität durch gute Räume, Manager entdecken die Wirkung der Architektur*, hrsg. v. Luedecke, G., Düsseldorf 1991, S. 63ff.

tivieren und dem Architekten verständlich zu machen. Daraus resultiert ein Transferproblem zwischen Identität und realisierter Bauform. Schließlich fehlt vielen Bauherren der Mut, kreative Architekten zu beschäftigen und diese dann auch wirklich kreativ werden zu lassen. Diese Problematik führt oft zu Neutralität bzw. Profillosigkeit bei den Gebäuden. Deshalb sollte im Vorfeld jeder guten *Identity-Architektur*, ein *Briefing* stehen, das die Brücke von der Identität zur Architektur bildet. Das *Briefing* muß vor allem konkret in bezug auf die besonderen Qualitäten und Werte der Organisation sein, wobei dies keinesfalls heißt, daß der Architekt eingeschränkt wird. Auf der Basis des *Briefings* entsteht ganz im Gegenteil mehr Freiheit zur Gestaltung, denn der Architekt kann erst auf konkrete Vorgaben hin seine Kreativität optimal einsetzen. Der Bauherr sollte den Architekten anspornen, im Rahmen des *Briefings* innovativer und mutiger zu werden als allgemein üblich.

Identity-Architektur leistet bei genauerer Betrachtung einen nicht zu unterschätzenden Beitrag für die anderen Komponenten des *CI*-Mix. Architektur ist natürlicher Bestandteil des *Corporate Designs*, denn es handelt sich um ein visuelles Mittel der Darstellung. Demzufolge rundet *Identity-Architektur* das gesamte visuelle Erscheinungsbild ab, indem es die anderen Komponenten (Gestaltung von Briefköpfen, Anzeigen, Beschriftung, Logo etc.) des *Corporate Designs* optimal ergänzt und damit die Attraktivität und Aussagekraft entscheidend erhöht und so für einen merkfähigen visuellen Auftritt sorgt. Das Gebäude kann nicht zuletzt selbst Werbemotiv sein,[38] indem es dekorativ auf Briefköpfen verwendet wird oder aber auch in Anzeigen, Imagebroschüren oder beim Internetauftritt mit abgebildet ist.

Sämtliche visuell in Erscheinung tretenden Elemente kommunizieren. Dazu gehören auch die Architektur und der gewählte Standort.[39] *Identity-Architektur* leistet einen wichtigen Beitrag zur *Corporate Communication*, indem sie Individualität schafft und diese auch kommuniziert. Letztlich kann das Gebäude auch Werbemittel sein und auf diese Weise zur gesamten Kommunikation beitragen. Dies beginnt schon im Vorfeld durch Ankündigung des Neubaus, Vorstellung des Mo-

---

[38] Vgl. Mayr - Keber, G. M.: „Strukturelemente der visuellen Erscheinung von Corporate Identity", in: *Corporate Identity, Grundlagen, Funktionen, Fallbeispiele*, hrsg. v. K. Birkigt, M. M. Stadler, H. J. Funck, 6. Auflage, Landsberg/Lech 1993, S. 291.
[39] Vgl. ebd.

dells und geht weiter mit dem ersten Spatenstich und der damit verbundenen PR-Wirkung. Schließlich bieten die Eröffnungsfeier und anschließende „Tage der Offenen Tür" weitere Möglichkeiten, der externen Kommunikation. Je klarer und eindeutiger das Erscheinungsbild ist, desto weniger Worte sind letztendlich in der Öffentlichkeit notwendig.

Schließlich unterstützt *Identity-Architektur* auch *Corporate Behaviour,* also das Verhalten der Organisation. Besonders die Gestaltung der Arbeitsplätze (menschengerecht, gute technische Ausstattung, kommunikationsfördernde Gemeinschaftsräume etc.) verdeutlicht das Verhalten der Organisation gegenüber ihren Mitarbeitern und hat einen großen Einfluß auf die Arbeitszufriedenheit und damit auf die Motivation. Aber auch im Außenverhältnis läßt sich das Verhalten der Organisation an der Architektur ablesen. An der Architektur zeigt sich, ob die Organisation ihrer gesellschaftlichen Verantwortung gerecht wird und sich um eine optimale Einbindung in das Umfeld sowie eine ökologisch verantwortungsvolle und ästhetische Architektur bemüht.

Identity-Architektur hat zahlreiche positive Wirkungen. Eine wohlüberlegte Architektur trägt wesentlich zum ersten Eindruck bei, und dieser entscheidet ja bekanntlich über Sympathie oder Antipathie. Über die Architektur ist die Unterscheidung von anderen Organisationen in der Öffentlichkeit am deutlichsten wahrnehmbar. Eine qualitative Architektur dient der Kommunikation nach innen und außen: sie vermittelt Identität, Unverwechselbarkeit und Individualität; sie prägt das Image und fördert das Wir-Bewußtsein der Mitarbeiter.[40] Im Idealfall sind die Mitarbeiter sogar richtig stolz auf „ihr" Gebäude. Diese Einstellung tragen sie nach außen und prägen damit das positive Image der Organisation in der Öffentlichkeit. Durch eine ästhetische Gestaltung wird das Erkennen und Wiedererkennen in der Öffentlichkeit erleichtert. Ein bewußt gestaltetes und konsequent angewandtes Erscheinungsbild schafft nicht zuletzt Vertrauen, Glaubwürdigkeit und Transparenz. Ohne laute Worte wirkt es assoziativ und vermittelt Eigenschaften, die mit Leistung

---

[40] Vgl. Lang, E. M.: „Vorwort", in: *Das kultivierte Unternehmen – Funktion und Bedeutung der Architektur im System der „Corporate Identity",* Dokumentation eines Symposiums, hrsg. v. Bayerische Architektenkammer, Akademie für Fort- und Weiterbildung, München 16.3.1989, S. 5.

und Qualität in Verbindung gebracht werden und so eine positive Einstellung gegenüber der Institution hervorrufen.[41]

Die kulturelle, städtebauliche und ökologische Integration durch Architektur ist zudem ein bedeutender Faktor für die Akzeptanz bei einer zunehmend kritischen Öffentlichkeit. Dabei sollte jedoch auch beachtet werden, daß sich die Öffentlichkeit angesichts teurer Neubauten häufig fragt, wer diese „Extravaganz" eigentlich bezahlt. Die positiven Wirkungen können hier möglicherweise in das Gegenteil umschlagen.[42] Architektur ist ständig und langfristig präsent und sollte daher besonders ästhetischen und ökologischen Anforderungen genügen. Verantwortungsbewußte Bauherren verhindern in diesem Sinne hohe Folgekosten wegen Umbaumaßnahmen, sparen wertvolle Energie, vermindern Umweltbelastungen, sichern die Werterhaltung der Bausubstanz und sorgen sich um die Gesundheit und das Wohlbefinden ihrer Mitarbeiter. Dabei sollte eine verantwortungsvolle Architektur kurzfristiges Profitdenken nicht zulassen. Letztendlich ist eine gelungene Architektur immer günstiger, da sie improvisierte Maßnahmen und damit verbundene Kosten vermeidet.[43] *Identity-Architektur* bietet somit viele Möglichkeiten einer positiven Profilierung. Diese Chance sollte keine Organisation ungenutzt lassen.

2.3 Einflußfaktoren der gebauten visuellen Identität

Viele verschiedene Aspekte entscheiden, ob *Identity-Architektur* erfolgreich ist. *Identity-Architektur* sollte zunächst zeitnah, dabei aber nicht modisch sein. Sie sollte Originalität und künstlerischen Ausdruck ausstrahlen und vor allem ästhetisch sein. An jedes Detail werden hohe Anforderungen gestellt, um das bestmögliche Ergebnis zu erzielen. Dies erfordert eine bewußte Auswahl aller Materialien, Baustoffe, Farben, der Beleuchtung und Möbel. Der Effekt ist ein Bau mit unverwechselbarem Stil, in dem man sich wohl fühlt. Gut gestaltete *Identity-Architektur* zeichnet sich zudem durch strukturelle Ordnung aus. Dabei muß jedes bauliche

---

[41] Vgl. Klar, M., „Das Ganze ist mehr als die Summe seiner Teile", in: *Kompendium Corporate Identity und Corporate Design*, hrsg. v. N. Daldrop, Stuttgart 1997, S. 25.

[42] Vgl. Interview mit Gerhard Regenthal, Leiter der CI-Akademie Braunschweig am 7.3.2001.

[43] Vgl. Rodenstock, R.: „ Einführung", in: *Das kultivierte Unternehmen – Funktion und Bedeutung der Architektur im System der „Corporate Identity"*, Dokumentation eines Symposiums, hrsg. v. Bayerische Architektenkammer, Akademie für Fort- und Weiterbildung, München 16.3.1989, S. 9f.

Element einen Bezug zur Gesamtheit haben. Außerdem strebt sie ein Gleichgewicht zwischen Einheit und Vielfalt an, so daß die architektonische Gestaltung weder monoton noch chaotisch wirkt. Daneben sind Einfachheit im Sinne von Plausibilität der architektonischen Aussage und Unverwechselbarkeit unerläßlich.[44]

Besonders in Bereichen zunehmender Informationsdichte, also im städtischen Raum, ergibt sich häufig das Problem der Aufmerksamkeitsgewinnung, da ein Gebäude neben dem anderen steht. Hier ist besonders auf „visuelle Prägnanz" und eine charakteristische Darstellung zu achten. Man sollte ebenfalls Kenntnisse aus der Wahrnehmungspsychologie und Verhaltensforschung miteinbeziehen, um aufmerksamkeitserregende Mittel gezielt einsetzen zu können. Dazu gehört zum Beispiel die strategisch wichtige Auswahl von Blickpunkten oder der Einsatz von Mitteln der optischen Verfälschung oder der Provokation.[45]

Architektur besteht als Träger der Identität aus mehreren Komponenten, die den Erfolg maßgeblich beeinflussen. Gerken[46] unterscheidet hier verschiedene Dimensionen von *Identity-Architektur*: Ein besonders wichtiger Aspekt ist die Raumdynamik, die positive, neutrale oder negative Reaktionen hervorruft. Raumsysteme können Intimität oder Öffentlichkeit bieten, isolieren oder integrieren, durch Proportionen Schwere und Leichtigkeit übermitteln. Ebenso beeinflußt die Beziehung zwischen innen und außen das Raumerlebnis, indem z.B. ein Bruch oder eine Übereinstimmung mit der Außenwelt verfolgt wird.

Der Einsatz von Farbe liefert einen wichtigen Beitrag zur Identität, denn es besteht ein direkter Zusammenhang zwischen farblicher Gestaltung und psychologischer Wirkung. Farben beeinflussen damit sehr stark die Charaktereigenschaft von Bereichen und sollten als aktive Faktoren frühzeitig eingeplant werden. Sie sollten der Identität entsprechen und nicht nach dem Kriterium der Auffälligkeit gewählt werden. Licht ist ebenso ein überaus effektives Gestaltungsmittel, das die unmittelbare Atmosphäre einzelner Bereiche wesentlich prägt. Besonders die künstliche Beleuchtung bietet vielfältige Möglichkeiten, um verschiedene Effekte

---

[44] Vgl. Gerkan v., M.: *Architektur im Dialog, Texte zur Architekturpraxis*, Berlin 1995, S. 170f.
[45] Vgl. Mayr-Keber, G. M.: „Strukturelemente der visuellen Erscheinung von Corporate Identity", in: *Corporate Identity*, 1993, S. 311f.
[46] Vgl. Gerken, G.: „Kultur ... aus Stein gebaut", in: *Mehr Produktivität durch gute Räume*, hrsg. v. G. Luedecke, 1991, S. 87ff.

zu erzielen. Auch die Plazierung des Lichts ist dabei von Bedeutung. Wird es strategisch richtig eingesetzt, bestimmt es die visuelle Identität mit. Deshalb sollte Licht, ob natürlich oder künstlich, ebenfalls schon zeitig in die Planung miteinbezogen werden. Letztlich sollte auch die Kunst dabei nicht vergessen werden, denn sie ist ein Element, das die Atmosphäre ebenfalls beeinflußt. Es kann sich dabei um Auftragskunstwerke speziell für das jeweilige Gebäude handeln oder um bereits im Besitz stehende Objekte. Um Kunst wirkungsvoll zu präsentieren, benötigt man ausreichend Fläche und besondere Lichtkonzepte, so daß auch diese frühzeitig Teil der Planung sein sollte.

Die Materialien spielen eine besonders wichtige Rolle, denn sie werden meist unwiderruflich eingesetzt und bestimmen zudem die Aussage entscheidend. Deshalb sollte die Auswahl genau überlegt sein und zwar innen wie außen, um die gewollte Wirkung zu erzielen. Schließlich vollendet die Innenraumgestaltung die *Identity-Architektur*. Trotz der raumspezifischen Unterschiede in der Gestaltung sollte eine allgemeine der Identität entsprechende Aussage erkennbar sein.

2.4 Umsetzung von Identity-Architektur

Identity-Architektur hat folglich mehrere Funktionen zu erfüllen. Sie soll repräsentieren, für ein positives Innenklima sorgen und die Motivation der Mitarbeiter anregen. In der Praxis haben sich dabei verschiedene Wege der Umsetzung herausgebildet, die dem Anspruch von *Identity-Architektur* mehr oder weniger gerecht werden. Die häufigste Form ist der „klassische Weg" einer brillanten Architektur. Dabei wird dem Architekten möglichst viel Freiraum gelassen, der dann die Aufgabe hat, eine vorbildliche Architektur zu schaffen. Oft besteht dabei kein direkter Bezug zur Identität, sondern die Qualität der Gestaltung spricht für sich selbst. Der Bauherr hofft dabei auf den Imagetransfer von einem Gebäude, das Fortschrittlichkeit und Innovation ausstrahlt, auf seine Organisation. Dieser Weg der Umsetzung ist äußerst riskant, und viele Autoren sind der Meinung, daß es sich hier nicht um wirkliche *Identity-Architektur* handelt.[47] Das Problem ist der „Vampiref-

---

[47] Vgl. Luedecke, G.: „Das Haus für den Geist – Der Geist des Hauses", in: *Mehr Produktivität durch gute Räum, Manager entdecken die Wirkung der Architektur*, hrsg. v. derselb, Düsseldorf 1991, S. 14: „Die Formel, jede gute Architektur ist automatisch auch eine gute Identity - Architektur stimmt nicht."; vgl. Gerken, G.: „Kultur ... aus Stein gebaut", in: *Mehr Produktivität durch gute Räume*, 1991, S. 78: „Beste Architektur anstelle von Identity Architektur."

fekt",[48] denn die Architektur wird durch ihre Qualität so eigenwertig, daß sie überwiegend sich selbst repräsentiert.

Beim „humanen Weg" der Umsetzung sind die Architekten und Bauten dagegen kaum bekannt. Die Architektur ordnet sich hier den emotionalen Vorgaben unter. Man will hauptsächlich eine Architektur, in der man sich wohlfühlt und das positive Wir-Gefühl gesteigert wird. Diese Architektur ist meistens besonders innovativ und mutig in Bezug auf die Arbeitsbedingungen. Schließlich bleibt noch der sogenannte „symbolische Weg", der versucht, sowohl brillante, als auch soziale und repräsentative Architektur zu verwirklichen.[49] „Symbolisch" heißt jedoch nicht unbedingt, daß konkrete Symbole verwendet werden, sondern eher daß eine Geisteshaltung symbolisiert wird. Es ist der ideale Weg zur architektonischen Umsetzung von *Corporate Identity*, denn es gilt das Prinzip „form follows spirit".[50] Auf diese Weise wird eine Kongruenz zwischen Gebäude und Inhalt hergestellt, mit dem Erfolg, daß Identität sichtbar wird. Die Architektur wird damit bewußt zur Wirkungsarchitektur.

Geht es an die praktische Ausführung von *Identity-Architektur*, sollte vor dem ersten Gespräch mit dem Architekten eine intensive Phase zur Entwicklung bzw. Bewußtseinsbildung der eigenen Identität stattfinden, da dem Architekten sonst keine konkreten Vorgaben gegeben werden können. In jedem Fall sollten demokratische Abstimmungen im Entscheidungsprozeß vermieden werden, denn dabei entstehen oft nur Kompromisse, die nicht die bestmöglichste *Identity-Architektur* darstellen. Vorteilhaft ist dagegen die Zusammenstellung eines Entscheidungsteams. Ein weiteres Problem ist, daß viele Bauherren sich das Gebäude oft nicht im Vorfeld vorstellen können. Daraus resultiert, daß konstruktive Kritik erst nach Fertigstellung des Gebäudes geübt wird - wenn es meist schon zu spät ist.[51] Hier

---

[48] Zitiert nach Gerken, G.: „Kultur ... aus Stein gebaut", in: *Mehr Produktivität durch gute Räume*, 1991, S. 78.
[49] Vgl. zu den verschiedenen Wegen der Umsetzung: Gerken, G.: „Kultur ... aus Stein gebaut", in: *Mehr Produktivität durch gute Räume*, 1991, S. 76ff.
[50] Das Prinzip „form follows spirit", als Merkmal der postmodernen Architektur unterscheidet sich vom Prinzip „form follows function", das als Schlagwort der Moderne gilt. Im Gegensatz zur Moderne richtet sich die Architektur in der Postmoderne nicht ausschließlich nach der Funktion, sondern auch nach einer Geisteshaltung.
[51] Vgl. Luedecke, G.: „Das Haus für den Geist", in: *Mehr Produktivität durch gute Räume*, 1991, S. 20ff.

ist neben sorgfältig ausgearbeiteten Gebäudemodellen eine Computersimulation vorteilhaft, um eine möglichst genaue Vorstellung von der Architektur und ihrer Wirkung zu erhalten.

Wie schon erwähnt spielt das *Briefing*, das am Beginn des Planungsprozesses stehen sollte, eine entscheidende Rolle. Dabei sollten zunächst die zentrale Botschaft und die Werte für einzelne Bereiche festgelegt werden. *Identity-Architektur* heißt zwar eine einheitliche Botschaft zu überbringen, gleichzeitig und innerhalb dieser Botschaft muß jedoch auch je nach Bereich und Nutzung differenziert werden.[52] Im nächsten Schritt geht es dann darum, die architektonischen Mittel zu finden, welche die gewünschte Wirkung erzielen. Dabei sollte nicht nach modischen Aspekten entschieden werden, sondern nach Grundsätzen der menschlichen Wahrnehmung, denn *Identity-Architektur* muß langfristig gültig sein. Voraussetzung dafür ist, daß der Architekt die mentalen und physiologischen Wirkungen der architektonischen Sprache kennt.[53]

3. Übertragung des CI-Konzepts auf diplomatische Vertretungen

3.1 Ansatzpunkte eines CI-Konzepts bei Botschaften

Betrachtet man das *CI-Konzept* einmal nicht aus dem Blickpunkt der Wirtschaft, so stellt man fest, daß es eine Strategie mit einer langen Tradition ist. So wäre die Entstehung von Religionen und die Organisation der Kirchen ohne eine ähnliche Vorgehensweise unmöglich gewesen. Auch in der Armee, ob damals oder heute, benutzt man Erkennungsmerkmale, um die Mitglieder zu identifizieren und sich als Einheit zu präsentieren. Schließlich braucht jeder Staat vereinbarte, konstante Symbole, um seine Existenz zu sichern. Die Nationalflagge, die Nationalhymne oder auch die Verfassung gehören zur *Corporate Identity* eines Staates. Wo Menschen sich organisieren entsteht automatisch ein Bedarf an *Corporate Identity*.[54]

---

[52] Vgl. Gerken, G.: „Kultur ... aus Stein gebaut", in: *Mehr Produktivität durch gute Räume*, 1991, S. 74f.
[53] Vgl. ebd., S. 85f.
[54] Vgl. R. Antonoff: „Über die Nützlichkeit der Corporate Identity", in: *CI-Report 86/87, Unternehmenskultur, Unternehmenskommunikation, Unternehmensgestalt*, hrsg. v. Frankfurter Allgemeine Zeitung, Darmstadt 1986, S. 32f.

Obwohl der *CI*-Begriff in der Literatur vor allem wirtschaftlich geprägt ist, findet man Ansätze, die dieses Konzept auf andere Organisationen übertragen.[55] Dies ist nicht unbedingt überraschend, denn der Begriff „*Corporate*" meint in der deutschen wörtlichen Übersetzung lediglich „Körperschaft". Dies zeigt, daß das Konzept nicht auf Unternehmen beschränkt ist, sondern im Grunde auf jede Institution anwendbar ist.[56] Einige Autoren haben zum Beispiel *Corporate Identity* für Städte untersucht. Andere sehen es als geeignetes Konzept für kulturelle Organisationen wie Museen oder Wohlfahrtsverbände, um sich besser in der Öffentlichkeit zu positionieren. Regenthal[57] überträgt das Konzept auf Schulen und zeigt das große Nutzenpotential auf. Aber auch auf dem Gebiet der politischen Repräsentation, bei Parteien, Gewerkschaften, Verbänden und anderen Institutionen, kann sich ein *CI*–Konzept als sinnvoll erweisen.

Ebenso wie Tochtergesellschaften im Ausland die Muttergesellschaft vertreten, repräsentieren Botschaften die einzelnen Länder. Botschaften sind den Außenministerien ihrer jeweiligen Länder unterstellt und pflegen die diplomatischen Beziehungen zwischen Heimat- und Gastland. Aufgabe einer Botschaft ist die Verbesserung der zwischenstaatlichen Zusammenarbeit auf allen Gebieten sowie die Vereinfachung der Kontakte durch ständige Präsenz und regelmäßige Berichterstattung zwischen den Ländern. Botschaften stellen wichtige politische und wirtschaftliche Kontakte her, bieten Hilfe in Krisensituationen, sind Ratgeber und fördern nicht zuletzt die eigene Kultur im Gastland.[58]

---

[55] Dies sind z.B.: Beyrow, M.: *Mut zum Profil, Corporate Identity und Corporate Design für Städte*, Stuttgart 1998; Kutschinski-Schuster, B: *Corporate Identity für Städte, Eine Untersuchung zur Anwendbarkeit einer Leitstrategie für Unternehmen auf Städte*, Essen 1993; Karolus, G.: *Corporate Culture und Corporate Identity in Non-Profit-Organisationen. Eine theoretische Gegenüberstellung beider Konzepte und konzeptionelle Überlegungen zur Anwendung in Non-Profit-Organisationen am Beispiel kirchlicher Wohlfahrtsverbände*, Dipl., Universität Trier, Frankfurt/ Main 1995; Dreyer, M.: *Corporate Identity – eine identitätsorientierte Strategie für Museen*, Diskussionspapier Nr. 202, Hannover 1997; Regenthal, G.: *Identität und Image. Corporate Identity Praxishilfen für das Management in Wirtschaft, Bildung und Gesellschaft*, Köln 1992.
[56] Vgl. Kroehl, H.: *Corporate Identity als Erfolgskonzept im 21. Jahrhundert*, München 2000, S. 21.
[57] Vgl. Regenthal, G., *Identität und Image*, 1992, S. 115ff.
[58] Vgl. Interview mit den Botschaftsangehörigen.

Diplomatische Vertretungen sind zwar nicht profitorientiert wie Unternehmen, aber sie sind ähnlich wie diese mit der Umwelt durch ein weitreichendes Beziehungsgeflecht verbunden. Sie stehen in engem Kontakt mit den Politikern der gastgebenden Regierung, mit den Medien und damit auch mit der gesamten Öffentlichkeit, mit dem Bürger, der die konsularischen Leistungen einer Botschaft in Anspruch nimmt und natürlich mit den eigenen Mitarbeitern. Als politische Landesvertretungen haben Botschaften eine nationale Identität, sie stellen ein Stück Ausland im Inland dar. Dies wird rechtlich schon dadurch deutlich, daß es sich bei den Gebäuden und Grundstücken um Hoheitsgebiete handelt.

Durch eine *CI*-Strategie kann diese Identität explizit nach innen und außen verdeutlicht werden. Die bewußte Darstellung im Gastgeberland trägt dazu bei, positiv auf das Image des Landes zu wirken, was wiederum die zwischenstaatlichen Beziehungen verbessern kann, aber auch Interesse für das Land und Verständnis für die politische Situation weckt. Anhand landestypischer Merkmale wird die Botschaft verstärkt wahrgenommen und leichter wiedererkannt. Neben der positiven Imagewirkung, die sich nicht zuletzt auf das touristische Interesse auswirkt, schafft eine *CI*–Strategie ebenso wie bei Unternehmen Identifikation mit der Institution unter den Mitarbeitern. Dies kann auch hier zu gesteigerter Motivation, zu vermehrter Effizenz und zu erheblichen Synergieeffekten zwischen den Abteilungen führen. Die Koordinationsfähigkeit der gesamten Institution nimmt dabei zu. „Die Gewißheit der eigenen Kultur und Identität sichert Orientierung und fördert Selbstbewußtsein und kreatives Handeln."[59]

Bezeichnenderweise ist der britische Botschafter Sir Paul Lever in Berlin der Meinung, daß sich die Rolle der Botschaften in den vergangenen Jahren drastisch verändert habe. In diesem Zusammenhang sieht er sich als „Dienstleister, der Großbritannien verkauft: seine Vielfalt, seine Produkte und sein Ansehen."[60] In seiner Botschaft möchte er Ansprechpartner für alle Gesellschaftsgruppen sein und das Image von Großbritannien in Deutschland beeinflussen.[61] Institutionen, die

---

[59] Siebenhaar, K.: „Identität und interkulturelles Management. CI-Strategien für den Non - Profit-Bereich", in: *Kulturmanagement: Wirkungsvolle Strukturen im kommunalen Kulturbereich*, hrsg. v. K. Siebenhaar, M. Pröhl, Ch. Pawlowsky-Flodell, Gütersloh 1993, S. 22.
[60] Zitiert nach Schnaas, D., „Frohe Botschaft", *Wirtschaftswoche*, Nr. 52, vom 21.12.2000, S. 29.
[61] Vgl. ebd.

sich als Dienstleister verstehen, müssen jedoch oft unter wirtschaftlichen Bedingungen arbeiten. Auch bei Botschaften kann also ein gezielt am Selbstverständnis ausgerichteter *Corporate Identity-Mix* die Kompetenzen wirkungsvoll vermitteln.

3.2 Möglichkeiten und Grenzen des CI-Konzepts für Botschaften

Botschaften haben im Gegensatz zu anderen Organisationen nicht das Problem, ihr eigenes Selbstverständnis mühsam zu erarbeiten, bevor sie mit einer *Corporate Identity*-Strategie beginnen können. Das Selbstverständnis der Botschaft wird vielmehr durch das Selbstverständnis des jeweiligen Landes bestimmt. Jedes Land hat so gesehen eine typische und einzigartige Persönlichkeit, die von der Geschichte, der Sprache, den Traditionen, der politischen Situation und den Zukunftsvorstellungen geprägt ist. Diese einzigartige Persönlichkeit gilt es nach innen und außen darzustellen. Den meisten Mitarbeitern wird das nicht besonders schwer fallen, denn sie sind aufgrund ihrer Herkunft aus den einzelnen Ländern von Natur aus tief mit dem eigenen Land und der Kultur verwurzelt. Dennoch können durch einen bewußten Einsatz der Instrumente im Rahmen eines *CI*-Konzepts die besonderen Qualitäten und Merkmale eines Landes betont werden.

Im Rahmen von *Corporate Behaviour* einer Botschaft sollte das gesamte Verhalten der Botschaftsangehörigen am nationalen Selbstverständnis orientiert sein. Damit ergibt sich ein konsistentes Auftreten und das angestrebte Image wird unterstützt. Analog sollten im Rahmen von *Corporate Communication* alle Kommunikationsaktivitäten intern sowie extern mit dem nationalen Selbstverständnis abgestimmt werden, damit dieses nach außen optimal vermittelt wird. Dies gilt insbesondere für die Öffentlichkeitsarbeit und die Organisation von Veranstaltungen oder Ausstellungen. Einen besonders wichtigen Einfluß hat dabei die Kommunikation über die Medien, da damit die breite Öffentlichkeit erreicht wird und das Image des Landes auf breiter Basis positiv beeinflußt werden kann. Am deutlichsten für die Öffentlichkeit wird die landestypische Persönlichkeit durch das Erscheinungsbild. Damit nimmt *Corporate Design* einen besonders wichtigen Stellenwert im *CI*-Konzept einer Botschaft ein. Dies geht vom graphischen Design des Briefpapiers und der Formulare über die Präsentation in Veröffentlichungen und Broschüren bis zu direkten Symbolen wie Nationalflagge und Emblem. Herausragende Bedeutung hat dabei schließlich die Architektur und die innere Gestaltung der Botschaft. Sinnvoll eingesetzt, tragen sie zur Visualisierung der Identität bei und verdeutlichen den individuellen Charakter der Institution.[62] Natürlich gilt auch bei Botschaften, daß die Bemühungen langfristig angelegt sein sollen, damit eine positive Imagewirkung erzielt werden kann.

Der Anwendung eines *CI*-Konzepts bei Botschaften sind jedoch auch Grenzen gesetzt. Zunächst einmal scheint die Notwendigkeit für ein solches Konzept bei Botschaften nicht unbedingt gegeben, denn als politische Vertretungen müssen sie ihre Existenz nicht gegenüber anderen begründen und verteidigen. Daraus könnten Akzeptanzbarrieren hinsichtlich der Anwendung einer *CI*-Strategie entstehen. Dennoch sollte man sich vergegenwärtigen, daß „auch ohne Wettbewerb und Gewinnorientierung CI einen relevanten Erfolgsfaktor darstellt."[63] Zudem könnten Ressortegoismen der einzelnen Abteilungen die Entwicklung eines *CI*-Konzepts behindern. Ein abteilungsübergreifendes Bewußtsein für die nationale Persönlichkeit ist folglich unerläßlich. Hinsichtlich der stets im Wandel begriffenen politischen Situation bestehen nicht zuletzt ständig Anpassungserfordernisse, so daß ein *CI*-Konzept äußerst flexibel sein sollte.

---

[62] Vgl. zur analogen Übertragung der *CI*-Instrumente für Botschaften: Kutschinski-Schuster, B.: *Corporate Identity für Städte*, 1993, S. 134-144 und Dreyer, M., Swieter, D.: *Corporate Identity – eine identitätsorientierte Strategie für Museen*, 1997, S. 10-14.

[63] Siebenhaar, K., in: *Kulturmanagement: Wirkungsvolle Strukturen im kommunalen Kulturbereich*, 1993, S. 14.

C) VISUELLE IDENTITÄT AM BEISPIEL AUSGEWÄHLTER DIPLOMATISCHER VERTRETUNGEN

1. Botschaften als diplomatische Unikate in Berlin

1.1 Besondere bauliche Anforderungen

Botschaftsgebäude haben aufgrund ihrer Funktionen besondere Anforderungen an ihre Architektur. Einerseits muß die Unabhängigkeit der vielfältigen Tätigkeiten sichergestellt werden, andererseits sollte auch eine gute Verbindung und Koordination untereinander möglich sein. Arbeiten, Gäste empfangen, repräsentieren und Sitzungen abhalten gehören in einer Botschaft zum Tagesablauf. Der Botschafter und die Mitarbeiter müssen zudem bei ihrer täglichen politischen und repräsentativen Arbeit optimal geschützt werden, wie leider einige Attentate, die in der Vergangenheit auf Botschaften verübt wurden, beweisen. Neben geschützten Bereichen besteht heute jedoch auch ein verstärktes Bedürfnis, Räumlichkeiten zu schaffen, die der Öffentlichkeit zugänglich sind.

Eine Botschaft sollte in ihrer Architektur den besonderen repräsentativen Zwecken genügen, indem sie Würde ausstrahlt und im Inneren geeignete Räumlichkeiten bietet. Die verschiedenen Empfänge müssen in einem angemessenen Rahmen stattfinden können. Auch der Botschafter benötigt spezielle Räumlichkeiten, um beispielsweise Regierungsmitglieder für Besprechungen zu empfangen. Ebenso sollten geeignete Arbeitsplätze für die Mitarbeiter, wo diese optimal ihren verschiedenen Tätigkeiten nachgehen können, selbstverständlich sein. Ferner beherbergen diplomatische Vertretungen traditionellerweise oft die Residenz des Botschafters. Bei den neuen Botschaftsgebäuden in Berlin befinden sich die Residenzen jedoch häufig nicht in den Botschaften.

1.2 Geschichte der Botschaften in Berlin

Die traditionellen Botschaftsstandorte in Berlin, in der Umgebung des Reichstags, in der Wilhelmstraße und Unter den Linden, entwickelten sich als Berlin 1871 Hauptstadt des Deutschen Reiches wurde. Im Tiergartenviertel, das sich schon Mitte des 18. Jahrhunderts zum repräsentativen Villenviertel entwickelte, siedelten sich zu Beginn des 20. Jahrhunderts nach und nach Botschaften an. Die Nationalsozialisten ernannten schließlich 1937 das Gebiet am Tiergarten zum Diplomatenviertel.[64]

Nach dem Zweiten Weltkrieg und der Teilung Deutschlands mußten sich auch die ausländischen Missionen der neuen politischen Situation anpassen. Bonn wurde provisorische Hauptstadt, und die meisten ausländischen Staaten richteten dort ihre Vertretungen ein. Die alten Botschaftsgebäude in West-Berlin wurden, sofern sie im Krieg nicht völlig zerstört wurden, provisorisch zu anderen Zwecken genutzt. In manchen alten Botschaftsgebäuden richteten die Staaten ihre Konsulate ein (z.B. Italien und Spanien). Im Ostteil der Stadt waren nach der Gründung der Deutschen Demokratischen Republik (DDR) zunächst nur die sozialistischen Bruderstaaten vertreten. Erst mit der offiziellen Anerkennung der DDR siedelten sich Anfang der siebziger Jahre auch die westlichen Vertretungen vor allem in Pankow an. Mit der Entscheidung für den Regierungsumzug von Bonn nach Berlin Anfang der neunziger Jahre wollten auch die meisten der etwa 150 in Bonn ansässigen Auslandsvertretungen bis zum Jahr 2000 in Berlin präsent sein.[65]

Einige Botschaften belebten ihre alten Standorte aus der Vorkriegszeit wieder, und die historischen Gebäude erhielten damit ihre ursprüngliche Nutzung zurück.[66] Zahlreiche ausländische Vertretungen entschieden sich jedoch für Neubauten, entweder auf ihren alten Grundstücken oder an neuen Standorten. Darüber hinaus gibt es auch einige diplomatische Vertretungen, die weiterhin in ihren alten Gebäuden residieren, wie beispielsweise die russische Botschaft, die sich schon zu DDR-Zeiten in exponierter Lage Unter den Linden befand.[67]

---

[64] Vgl. Schoen, A.: „Ganz Diplomatisch: Botschaften", in: *Foyer Nr. 02, Die Welt in Berlin, Botschaften und Konsulate für die Hauptstadt*, hrsg. v. Senatsverwaltung für Bauen, Wohnen und Verkehr, 1996, S. 6f.
[65] Vgl. Tiez, J.: „Diplomatische Vertretungen", in: *Hauptstadt Berlin - Denkmalpflege für Parlament, Regierung und Diplomatie 1990-2000*, Beiträge zur Denkmalpflege in Berlin, Bd. 16, hrsg. v. Landesdenkmalamt Berlin, Berlin 2000, S. 169.
[66] Spanien, Italien und die Schweiz gehören z.B. dazu.
[67] Vgl. Tiez, J., in: *Hauptstadt Berlin - Denkmalpflege für Parlament, Regierung und Diplomatie 1990-2000*, 2000, S. 169.

1.3 Besondere Bedeutung der neuen Hauptstadt Berlin und Gestaltungsanspruch

Mit Beginn des neuen Jahrtausends kann Berlin bereits auf zehn Jahre deutsche Einheit zurückblicken. Berlin ist heute eine Stadt, die Symbol für ein wiedervereinigtes Europa und für die Überbrückung der Gegensätze zwischen Ost und West geworden ist. Seit dem Fall der Mauer und dem Wiedererwachen als Hauptstadt ist Berlin nun von einer besonderen Dynamik erfaßt. Überall entstehen ambitionierte Neubauten, und historische Gebäude werden saniert. Die Stadt ist zu einem Schauplatz der zeitgenössischen Architektur geworden.

Gerade aufgrund der besonderen Geschichte dieser neuen Weltstadt und ihrer großen Bedeutung in Europa, aber sicher auch aufgrund der Tatsache, daß man sich zur Zeit in Berlin äußerst medienwirksam darstellen kann, ergibt sich für viele Bauherren ein ganz besonderer Gestaltungsanspruch. Dies gilt sowohl für Unternehmen, was am Beispiel des Potsdamer Platzes mit dem großen Sony-Center und dem Deutsche-Bahn-Tower deutlich wird, als auch für die vielen Gebäude staatlicher Repräsentation. Einen besonderen Stellenwert haben hier das alte Reichstagsgebäude mit der Kuppel von Norman Foster oder das neue Bundeskanzleramt von Axel Schultes und Charlotte Frank. Aber auch viele der ausländischen Vertretungen nutzen den Umzug von Bonn nach Berlin zur Selbstdarstellung und bereichern das Stadtbild durch ihre eigene landestypische Architektur. Viele Staaten sind bemüht, ihre Beziehungen zu Deutschland weiter auszubauen, und die meisten sehen Deutschland als einen ihrer wichtigsten Partner im politischen und wirtschaftlichen Bereich. Diese besondere Partnerschaft möchten die Botschaften vielfach auch durch ihre Architektur zum Ausdruck bringen.[68]

---

[68] Vgl. Interview mit den Botschaftsangehörigen.

2. Die britische Botschaft - das „Bunte Haus"

Fassadenansicht (Abb. 1)

Innenhof (Abb. 2)

Infotresen und
„grand staircase" (Abb. 3)

Wintergarten (Abb. 4)

Quelle: Britische Botschaft Berlin, Die Neuen Architekturführer Nr. 23, Berlin 2000

2.1 Der Wettbewerb und sein Gewinner Michael Wilford

Großbritannien gehört zu den Ländern, die mit ihrer Botschaft an ihren Vorkriegsstandort unterhalb des Pariser Platzes in der Wilhelmstraße zurückkehren. „Die Botschaft soll in ihrer Erscheinung elegant und in ihrer Funktion als öffentliches Gebäude einladend sein. Sie muß eine exzellente Architektur und Gestaltung bieten. Sie muß als britisch erkennbar sein und britische Interessen ausdrücken."[69] So lauteten die Vorgaben des *British Foreign and Commonwealth Office* in der Wettbewerbsausschreibung von 1994 für den Neubau. Da das Gebäude nicht unmittelbar am Pariser Platz liegt, waren die Bauvorschriften weniger restriktiv, und es blieb mehr Freiraum für die Interpretation der Architekten. Lediglich die Fassade, die aus Sandstein bestehen mußte, war auf eine Höhe von 22 Metern beschränkt und der Anteil an geschlossener Fläche mit mindestens 50 Prozent vorgegeben.[70] Für den Wettbewerb kamen 30 renommierte britische Architekten mit Verbindungen oder Erfahrungen in Deutschland in die engere Auswahl. Aus diesen wurden zehn Architekten ausgewählt, von denen letztlich neun am Wettbewerb teilnahmen.[71]

Die Entwürfe variierten einerseits von Transparenz durch großzügig verglaste Flächen, „wie sie in demokratischen Staatsformen mit Beteiligung der Bürger zu erwarten ist"[72] bis hin zur Granitsteinfassade, die für Sicherheit und Stabilität steht. Andere versuchten z.B. durch die Verwendung desselben Materials, aus dem das Brandenburger Tor besteht oder durch einen neuartigen Palast, Historisches in einen zeitgenössischen Kontext zu stellen. Wiederandere entschieden sich für eine Synthese aus konservativen und progressiven Elementen, indem sie hinter der eher konservativen Fassade ein überraschendes Innenleben ausbreiteten. Auch der Gewinnerentwurf von Michael Wilford zeigt dieses Konzept. Wilfords Entwurf konkurrierte mit dem Vorschlag von *Alsop&Störmer* in der endgültigen Entscheidung,

---

[69] Redecke, S., Stern, R.: *Foreign Affairs – Neue Botschaftsbauten und das Auswärtige Amt in Berlin*, Berlin 1997, S. 136.
[70] Vgl. Interview mit Heike Andrees, Büro Michael Wilford GmbH, Stuttgart am 2.3.2001.
[71] Vgl. Interview mit Rebecca Hudson, britische Botschaft, Berlin vom 13.2.2001; Die Teilnehmer des Wettbewerbs waren: *Michael Wilford and Partners, Alsop & Störmer, Allies & Morrison, Arup Associates, Cielland Associates, Nicholas Grimshaw & Partners, Michael Hopkins and Partners, MacCormac Jamieson Prichard, Ian Ritchie Architects*.
[72] Redecke, S., Stern, R.: *Foreign Affairs*, 1997, S. 136.

wobei die geringeren Kosten[73] bei Wilford und der weniger gewagte Ausdruck am Ende die Jury überzeugten.[74] Ziel der Jury war es, ein ausgewogenes Verhältnis zwischen Solidität und Transparenz herzustellen, wobei Monumentalität eher als negativ bewertet wurde.[75]

Michael Wilford wurde in Deutschland mit seinem damaligen Partner James Stirling durch die 1984 erbaute Staatsgalerie in Stuttgart bekannt, das als ein beispielhaftes Gebäude postmoderner Architektur gilt. Seine Entwürfe erregen durch ironische Anspielungen auf Nachbargebäude und historische Stilelemente, sowie durch die auffälligen Farben Aufmerksamkeit. Mit der britischen Botschaft entstand eine „mutige, frische und inspirierende Architektur hinter dem steinernen Vorhang der Fassade".[76] Man erhält den Eindruck, daß Wilford zwar alle Bauvorgaben erfüllt, um potentielle Kritiker zu befriedigen, dahinter jedoch ein spannendes Innenleben von Materialien, Formen und Farben inszeniert.

2.2 Präsentation des Gebäudes

Die Botschaft ist an ihrem Standort in der Nähe des Pariser Platzes ein wichtiges Element in der Rekonstruktion des Regierungsviertels, das im Zweiten Weltkrieg erheblich zerstört wurde. An zwei Seiten grenzt die Botschaft direkt an das *Hotel Adlon*, an der dritten Seite an ein Handelsgebäude. So ist die Fassade zur Wilhelmstraße hin die einzige öffentlich einsehbare Seite.

Die Fassade aus Sandstein gliedert sich in drei horizontale Bereiche. Über dem Sockelgeschoß mit dem Eingang befindet sich das sogenannte *Piano Nobile* als repräsentatives Zentrum der Botschaft. Auffällig ist hier eine große Öffnung, aus der sich farbige Körper herausdrehen.[77] Schließlich folgen die Bürogeschosse, die durch ein Mansardendach aus Kupfer abgeschlossen werden.

---

[73] Interessant ist hier, daß die Botschaft von einem privaten Konsortium finanziert wurde. Der britische Staat zahlt dabei Miete für einen Nutzungszeitraum von 30 Jahren und besitzt die Option auf Verlängerung um weitere 30 Jahre.
[74] Zur Jury, die aus neun Mitgliedern bestand, gehörten unter anderem der damalige britische Botschafter und ein Mitglied des Berliner Senats für Bau- und Wohnungswesen.
[75] Vgl. zur Wettbewerbsbeschreibung Redecke, S., Stern, R.: *Foreign Affairs*, 1997, S. 136ff.
[76] Krüger, T. M.: *Britische Botschaft Berlin*, Die neuen Architekturführer Nr. 23, Berlin 2000, S. 26.
[77] Siehe Abb. 1, S. 23.

Vom Eingang aus gelangt man zunächst in einen quadratischen Hof, in dem eine englische Eiche steht. Die Innenfassaden des Hofes wirken durch die Verwendung von Granit- und Metallplatten sehr modern und bilden einen Kontrast zur Außenfassade aus Sandstein. Gelangt man dann in das Gebäude, vorbei an einem weißblauen Informationszylinder, führt eine große zeremonielle Treppe unterhalb eines knallroten von der Decke hängenden Kastens, der die Technik beinhaltet, in den glasüberdachten Wintergarten.[78] Dieser bildet den zweiten Hof des Gebäudes im *Piano Nobile* der Botschaft und dient als Foyer für einen kreisrunden violetten Konferenzraum und verschiedene Speisesäle. Hier ergeben sich viele überraschende Durch- und Ausblicke und eine abwechslungsreiche Raumgestaltung. Die Räume werden von Brücken überquert, die als verbindende Flure Blicke in verschiedene Richtungen gewähren. Das Glasdach des lichtdurchfluteten Raums wird von einer pinkfarbenen Stahlstütze mit ausladenden Trägern gehalten, die an einen zweiten Baum erinnert. Von hier aus ist auch das über der Straße hängende türkise Informationszentrum zugänglich. Die Büroetagen, in denen sich auch die Kanzlei des Botschafters befindet, sind U-förmig um die beiden Höfe angeordnet und gelten als Sicherheitszone. Neben der modernen und leichtgewichtigen Konstruktion der Räume im Inneren der Botschaft überrascht besonders die Verwendung greller Farben.

2.3 Die Botschaft und Öffentlichkeit
Das neue Botschaftsgebäude sollte keine Sperrzone für die Öffentlichkeit werden, denn schon in der Ausschreibung war von einem einladenden Gebäude die Rede.[79] Dies wird auch dadurch deutlich, daß die Jury zu monumental wirkende Vorschläge als „finster und abweisend"[80] ablehnte. Zwar spielt der Aspekt der Sicherheit eine übergeordnete Rolle in der Botschaft, gleichzeitig möchte man aber auch die Flexibilität besitzen, Besucher einzuladen. So kann der große Wintergarten gut für Ausstellungen oder Empfänge genutzt werden. Die Öffentlichkeit hat sogar die ungewöhnliche Möglichkeit, nach Absprache und gewisser sicherheitstechnischer

---
[78] Siehe Abb. 4, S. 23.
[79] Vgl. C) 3.1.
[80] Redecke, S., Stern, R.: *Foreign Affairs*, 1997, S. 136.

Vorbereitungen, Teile des Gebäudes wie den Wintergarten oder den Konferenzraum für private Veranstaltungen zu mieten.[81]

Eine besondere Veranstaltung, bei der die Öffentlichkeit das Gebäude besuchen konnte, war der *Tag der Offenen Tür* im November 2000, der mit 7000 Besuchern so erfolgreich war, daß man weitere Veranstaltungen dieser Art plant. Auch eine Design-Ausstellung mit dem Titel *Millenium Products*, die ungewöhnliche britische Produkte präsentierte,[82] konnte die Öffentlichkeit ohne Voranmeldung besuchen. An Werktagen besteht die Möglichkeit, nach Anmeldung, an einer Führung durch das Gebäude teilzunehmen. Für Schüler und Studenten wird zusätzlich ein Programm angeboten, bei dem das Informationszentrum der Botschaft zum Einsatz kommt. Sie haben dort die Möglichkeit, die Computerbibliothek zu benutzen oder ein Video über Großbritannien anzuschauen. Auch Konzerte und Vorträge wurden schon in der Botschaft veranstaltet, wobei diese jedoch nur auf Einladung besucht werden konnten. In Zukunft soll auch dies für eine breitere Öffentlichkeit möglich sein. Bei dem Projekt *Die lange Nacht der Museen* in Berlin plant man im August 2001 teilzunehmen, so daß die Botschaft während des ganzen Abends besichtigt werden kann.[83] Schließlich bekommen auch die Personen, die das Konsulat am Eingang aufsuchen, einen sehr guten Eindruck von der Architektur des Gebäudes, da sie schon im Innenhof einen Einblick durch die vielen Glasflächen erhalten. Aufgrund der Trennung zwischen repräsentativen und privaten Bereichen bietet das Gebäude viele Möglichkeiten, die Öffentlichkeit in die Botschaft mit einzubeziehen. Dies erscheint besonders vorteilhaft, da heute die kulturelle Repräsentanz für Botschaften verstärkt an Bedeutung gewinnt.[84]

2.4 Architektur als visuelle Identität Großbritanniens und ihre Wirkung

Im *British Foreign and Commonwealth Office* hatte man genau überlegt, wie man sich mit der neuen Botschaft in Berlin präsentieren möchte. Zum einen wollte man die Bedeutung der deutsch-britischen Beziehungen durch den Neubau unterstrei-

---

[81] Vgl. Interview mit Rebecca Hudson.
[82] Vgl. o. Verf.:„Very British: Housewarming in der Britischen Botschaft", *Die Welt*, Nr. 279-48, vom 29.11.2000, S. 38.
[83] Natürlich sind viele Projekte von Personal und Finanzen abhängig. Mit dem British Council in Berlin wird jedoch viel zusammengearbeitet, so daß sich Botschaft und Kulturinstitut ergänzen.
[84] Vgl. zum letzten Gedanken: Krüger, T. M.: *Britische Botschaft Berlin*, 2000, S. 14.

chen und den Anforderungen an die repräsentative Arbeit im neuen Jahrhundert gerecht werden.[85] Zum anderen wurde schon in der Ausschreibung zum Wettbewerb darauf hingewiesen, daß die Botschaft als britisch erkennbar und britische Interessen ausdrücken sollte.[86]

So spiegelt die britische Botschaft von Michael Wilford auf besondere Weise die Identität Großbritanniens wider. Neben vielen symbolischen Einzelheiten geht es bei dem Gebäude vor allem um eine moderne Darstellung Großbritanniens; weg von den vielen traditionellen Klischees. Der Entwurf von Wilford, der die Bauregeln zwar einhält, sie aber auch nicht ganz ernst nimmt, ist zudem ein Beispiel des britischen Humors, der für seine Ironie bekannt ist. Die Botschaft soll ein offenes Haus sein, womit der Wunsch der Briten deutlich wird, auf vielen verschiedenen Ebenen die Beziehungen zu Deutschland weiter auszubauen und sich in der neuen Hauptstadt Berlin nicht abzuschotten.[87]

Als direkte Symbole und eher traditionelle Elemente kennzeichnen der gehißte *Union Jack* und der Schriftzug *British Embassy* mit königlichem Wappen neben dem Eingang das Gebäude als britische Botschaft. Auch die englische Eiche im Innenhof[88] ist ein traditionelles Element und steht als Teil des Entwurfs von Wilford für „britische Kontinuität und Beständigkeit".[89] Im Gebäude selbst bildet das in der Wand über der zeremoniellen Treppe eingelassene Tor der alten Botschaft ein weiteres Symbol für britische Tradition, Geschichte und Kontinuität, indem es als einziger Bestandteil an den Vorgängerbau erinnert.

Die Verwendung der Farben Blau und Rot als Farben Großbritanniens ist ein immer wiederkehrendes Element in der Botschaft. So spricht Meyer in seinen Beschreibungen beim blauen Infotresen am Eingang und beim roten Technikkasten über der Treppe[90] von einem „abstrahierten Union Jack".[91] Auch Violett, die Farbe der Monarchie,[92] ist in dem Gebäude nicht zu übersehen. Ein herausragendes Bei-

---

[85] Vgl Interview mit Rebecca Hudson.
[86] Vgl. C) 3.1.
[87] Vgl. Interview mit Rebecca Hudson.
[88] Siehe Abb. 2, S. 23.
[89] Krüger, T. M.: *Britische Botschaft Berlin*, 2000, S. 10.
[90] Siehe Abb. 3, S. 23.
[91] Meyer, U.: *Bundeshauptstadt Berlin. Parlament, Regierung, Landesvertretungen, Botschaften*, Berlin, 1999, S. 108.
[92] Vgl. Interview mit Rebecca Hudson.

spiel, im wahrsten Sinne des Wortes, ist der runde Konferenzsaal. Aber auch beim Möbeldesign im Informationszentrum, im Eßzimmer und im Büro des Botschafters, ist die Farbe Lila dominant. Fest steht, daß Wilford die Farben, wie im Theorieteil gefordert,[93] als festen Bestandteil in sein Entwurfskonzept integriert und sie auch bewußt eingesetzt hat. Die Verwendung von grellen Farben anstelle konservativer und zurückhaltender Farbakzente erschüttert vielleicht das Bild, das viele von Großbritannien haben. Sie dienen damit aber sicherlich dazu, das Image Großbritanniens von den traditionellen Klischees, wie oben angesprochen, zu lösen.

Auch die Kunst ist als identitätsstiftendes Element in dem Gebäude berücksichtigt worden. So gibt es viele Auftragskunstwerke von zumeist jungen, bekannten britischen Künstlern, die speziell für die neue Botschaft angefertigt wurden. So z.B. das Wandbild von David Tremlett im Wintergarten, das in seiner Farbigkeit einen passenden Rahmen für die Architektur des Raumes bildet.[94] Auffällig ist auch die Skulptur von Tony Cragg[95] im Wintergarten, die durch ihre organische fast sich bewegende Form einen Kontrast zur Statik des Raumes darstellt. Der Besucher hat hier die Möglichkeit, einen Einblick in die zeitgenössische Kunst Großbritanniens zu erlangen.

Die Fassade hat bei der britischen Botschaft eine besondere Bedeutung in bezug auf die Vermittlung der Identität, da sie die einzige öffentlich einsehbare Seite ist. Aufgrund der außergewöhnlichen Fassadengestaltung weckt das Gebäude die Neugier des Betrachters. Die Botschaft respektiert zwar ihr Umfeld und erfüllt damit ihre gesellschaftliche Verantwortung in Bezug auf den Berliner Städtebau, doch wird durch die Fassade die besondere Bedeutung und der Charakter der Botschaft im Vergleich mit der „Neutralität der angrenzenden Gebäude"[96] deutlich. Schon von weitem sichtbar erhält die Botschaft durch die Fassade Unverwechselbarkeit und Individualität. Den beiden Forderungen Offenheit und Modernität als Eigenschaften der britischen Botschaft wird die Fassade gleichermaßen gerecht. So erhält der Betrachter durch die große Öffnung in der modernen Fassade einen visuellen Zugang zum Gebäude. Die dreieckige, auf die Straße herausragende

---

[93] Vgl. B) 2.3.
[94] Siehe Abb. 18, S. 70.
[95] Siehe Abb. 18, S. 70.
[96] Redecke, S., Stern, R.: *Foreign Affairs*, 1997, S. 141.

Spitze des Informationszentrums stellt nicht nur in ihrer Nutzung, sondern auch optisch eine Verbindung zwischen Deutschland und Großbritannien dar.

Der Besucher ist nach dem Betreten des Gebäudes zunächst überrascht, in einen Innenhof zu gelangen. Hier drücken die Innenfassaden durch Materialien wie Stahl, Glas und grauer Naturstein britische Modernität und auch ein gewisses Maß an britischer Unterkühltheit aus und bilden einen Kontrast zur Außenfassade. Die Prinzipien der Modernität und Transparenz werden im Inneren der Botschaft letztlich ganz ausgelebt. Wilford selbst beschreibt das selbstbewußte und moderne Innenleben als „würdige und glanzvolle Darstellung Großbritanniens".[97] Die freien Formen des *Piano Nobile* führen einerseits zu einer spannungsvollen Atmosphäre, während die gesamte Gestaltung des repräsentativen Bereichs einen offenen und transparenten Eindruck macht.[98] Durch die zahlreichen Durchblicke und Perspektiven, die sich besonders im Wintergarten ergeben, wird nicht nur das Geschehen im Innenhof sichtbar, sondern auch an einer Stelle das Straßenleben in die Botschaft miteinbezogen. Auch das Informationszentrum integriert durch den direkten Ausblick auf die Straße die Außenwelt.

Besonders die Verwendung von Glas bewirkt im Inneren Offenheit und Transparenz. Die Mitarbeiter und Besucher werden auf diese Weise optisch in das Geschehen der Botschaft integriert. So können die Mitarbeiter sich gegenseitig sehen, wenn sie sich im Gebäude bewegen. Besonders die Verbindungsbrücken sollen die Kommunikation zwischen den Abteilungen verbessern, indem sie nicht nur Begegnungen zwischen Kollegen, sondern auch Aus- und Einblicke in andere Bereiche des Gebäudes ermöglichen. Dies fördert das Verständnis für die Arbeit der anderen und führt zu einer sehr angenehmen und freundlichen Atmosphäre. Letztlich verbindet auch das große Interesse der Öffentlichkeit an dem Gebäude die Mitarbeiter untereinander und fördert damit die Identifikation mit der Botschaft. Man ist stolz, das Gebäude präsentieren zu können und in der Botschaft zu arbeiten.[99]

Zu erwähnen ist auch, daß für Wilford die Demokratie im Gebäude sehr wichtig war. Der rote Technikkasten über der repräsentativen Treppe ist ein Beweis da-

---

[97] Redecke, S., Stern, R.: *Foreign Affairs* ,1997, S. 141.
[98] Vgl. Interview mit Heike Andrees.
[99] Vgl. Interview mit Rebecca Hudson.

für, daß Wilford die Technik nicht verstecken will. Da das Gebäude ohne Technik nicht funktionieren kann, ist sie genauso wichtig wie die VIPs, die auf der Treppe hinaufschreiten. Wilford wollte zudem, daß jeder - Passanten, Besucher, Mitarbeiter oder offizielle Personen - etwas von dem Gebäude hat.[100] Die lange demokratische Tradition Großbritanniens wird hier vom Gebäude reflektiert.

Nicht nur an der Fassade ist britischer Humor erkennbar, sondern Wilford scheint auch im Inneren Ironie einzusetzen. Mit den für deutschen Geschmack vielleicht ungewöhnlichen Farbkombinationen, die so harmonisch sind „wie die Pfefferminzsoße zum deutschen Sauerbraten paßt",[101] scheint er provozieren zu wollen. Der graublaue seriös wirkende Stein der Treppe paßt sich der Business Kleidung der Diplomaten an, während der knallrote Technikkasten darüber einen „unerhörten Kontrast"[102] darstellt. Hinter diesem Technikkasten, der in seiner dreieckigen Form einem Stück Käse ähnelt, kann man auch eine Anspielung auf „Cheese and Wine Parties" vermuten, die zu einem Klischee des diplomatischen Parketts gehören.[103]

Schon beim Anblick der Fassade sollen die Leute sich fragen, ob eine britische Botschaft überhaupt so aussehen kann. Auch wenn die Inselbewohner sonst eher als bescheiden und zurückhaltend gelten, sind sie in ihrer modernen Architektur meist auffällig, einfallsreich und sehr gewagt. Sie lassen sich von Traditionen nicht einschüchtern, sondern überraschen mit einer verspielten, ironischen Architektur.[104]

Das Gebäude hat einen großen Einfluß auf das Image Großbritanniens. Dies wird schon durch das überaus große Interesse der Öffentlichkeit am Gebäude deutlich. Die Botschaft hält nicht nur ihr Versprechen eines offenen Hauses, indem sie die Öffentlichkeit integriert, sondern sie hilft auch, traditionelle Klischees zu erschüttern.[105] Sir Paul Lever, der britische Botschafter in Berlin, beschrieb die Botschaft mit folgenden Worten: „It's the building we wanted: exciting, striking, sty-

---

[100] Vgl. ebd.
[101] Krüger, T. M.: *Britische Botschaft Berlin*, 2000, S. 13.
[102] Beyer, S.:„Hort der Widersprüche", *Der Spiegel*, Nr. 29, vom 7. Juli 2000, S. 192.
[103] Vgl. Interview mit Rebecca Hudson.
[104] Prominente Vertreter der zeitgenössischen Architektur Großbritanniens sind z. B. Nicholas Grimshaw und Sir Norman Foster, die mit dem Ludwig–Erhardt–Haus und dem Reichstag auch zur Erneuerung Berlins beigetragen haben.
[105] Vgl. Interview mit Rebecca Hudson.

lish and open."[106] Großbritannien setzt in der Hauptstadt Berlin ein Zeichen, das kaum zu übersehen ist.

---

[106] Geipel, K.: „Beyond the facade: Michael Wilford & Partners in Berlin", in: *Architecture Today*, November 2000, S. 44.

3. Die französische Botschaft – eine kritische Rekonstruktion

Ansicht Pariser Platz (Abb. 5)

Hoflandschaft (Abb. 6)

Fassadenansicht (Abb. 7)

Quelle: Ambassade de France à Berlin, Besançon 1998.

3.1 Der Wettbewerb und sein Gewinner Christian de Portzamparc

Wie die britische Botschaft kehrt auch die französische Botschaft an ihren alten Standort aus der Vorkriegszeit direkt am Pariser Platz zurück. Durch einen Grundstückstausch mit der Bundesregierung wurde das alte Grundstück jedoch 1997 um einen Teil zur Wilhelmstraße erweitert. So entstand ein L-förmiges Gebiet, das ausreichend Fläche für die verschiedenen Funktionen der Botschaft bietet und außerdem neben dem Zugang am Pariser Platz nun noch einen weiteren an der Wilhelmstraße hat.[107] Im Gegensatz zur britischen Botschaft wird die französische Botschaft auch die Residenz des Botschafters mit Empfangssälen und Gästewohnungen beherbergen. Der Pariser Platz mit dem Brandenburger Tor gilt als Symbol der vereinigten Hauptstadt Berlin, bedingt durch die politischen und historischen Ereignisse, die diesen Ort prägen. Zudem nimmt er einen wichtigen Stellenwert in der Diskussion um den Wiederaufbau Berlins ein. Im Wettbewerb um den Bauauftrag für die französische Botschaft sahen sich die Architekten deshalb mit großen Herausforderungen konfrontiert, die sich nicht nur auf die vielfältigen Funktionen der Botschaft, sondern auch auf den besonderen Standort bezogen.[108]

Der Wettbewerb um den Neubau der Botschaft wurde 1995 vom französischen Außenministerium ausgeschrieben, wobei sich in einer ersten Stufe zunächst 150 Architekten und Ingenieurbüros bewarben. Aus diesen wählte die Jury[109] auf Grundlage von Referenzen sieben in Paris ansässige Architekturbüros aus. Somit waren alle sieben Teilnehmer erfahrene und renommierte Architekten.[110] Die Entwürfe wurden von einer technischen Kommission hinsichtlich Funktionalität, Sicherheit und Einhaltung der Vorgaben geprüft und der Jury in Form eines Berichts zur Verfügung gestellt.[111]

Alle eingereichten Entwürfe integrierten einen Innenhof oder Garten in das Grundstück, um einerseits Licht und Luft in das umschlossene Gelände zu lassen

---

[107] Vgl. Redecke, S., Stern, R.: *Foreign Affairs*, 1997, S. 105.
[108] Vgl. o. Verf. : „Le concours d'architecture pour l'Ambassade de France à Berlin", in: *Ambassade de France à Berlin*, hrsg. v. Ministère des Affaires Etrangères, Besançon 1997, S. 1.
[109] Die Jury bestand aus Vertretern des Außenministeriums und der Baubranche, dem französischen Botschafter in Deutschland und der Senatsbaudirektorin in Berlin.
[110] Vgl. Interview mit Thomas Engasser, Französische Botschaft, Berlin am 12.2.2001; Die Teilnehmer waren: Patrick Berger, Pierre-Louis Faloci, Henri u. Bruno Gaudin, Nicolas Michelin u. Finn Geipel, Jean Nouvel, Dominique Parrault, Christian de Portzamparc.
[111] Vgl. Interview mit Thomas Engasser.

und um andererseits verschiedene Funktionsbereiche auf natürliche Weise voneinander zu trennen. Bei den meisten Entwürfen lagen die repräsentativen Bereiche in Richtung zum Pariser Platz, während die öffentlichen und kulturellen Bereiche zur Wilhelmstraße hin geplant wurden. Bezüglich der Fassade am Pariser Platz kam es trotz der strengen Auflagen zu recht unterschiedlichen Ergebnissen. Einige versuchten sich in einer Neuinterpretation der alten Botschaft, andere setzten hinter die „vorgeschriebene" Fassade eine zweite Fassade aus Glas.[112] Die Jury entschied sich auf Vorschlag der technischen Kommission schließlich für den Entwurf von Christian de Portzamparc, der durch seine repräsentative Fassade und die funktionale Aufteilung überzeugte.

Christian de Portzamparc ist als Architekt der Pariser *Cité de la Musique* einer der angesehensten Architekten Frankreichs. Er ist nicht nur Urheber vieler Projekte in Frankreich, sondern immer mehr auch international tätig. Den Höhepunkt seiner Karriere erreichte er 1994, als ihm der *Pritzker Preis*, einer der wichtigsten internationalen Architekturpreise, verliehen wurde.[113]

3.2 Präsentation des Gebäudes

Die frühere Botschaft, die seit 1860 im Besitz des französischen Staates war, befand sich am Pariser Platz bis zu ihrer Zerstörung durch einen Bombenangriff im Jahr 1945. Der Palais glich einem großen Bürgerhaus und wurde mehrfach renoviert und prunkvoll überarbeitet, so daß sich die Botschaft schon bald zur ausgesuchten Adresse der feinen Gesellschaft in Berlin entwickelte.[114]

Die strengen baulichen Vorgaben am Pariser Platz und die Schwierigkeiten, die das Grundstück durch seine Eingeschlossenheit und verhältnismäßig kurzen Fassadenseiten bot, wurden von de Portzamparc auf besondere Weise bewältigt. Die repräsentative Fassade in Richtung zum Pariser Platz ist im Erdgeschoß, bis auf den in der Mitte gelegenen Portikus mit dem Eingang, geschlossen. Darüber liegen sieben überdimensionale Fenster, die über zwei Stockwerke gehen. Die

---

[112] Vgl. o. Verf. (Auszüge aus den eingereichten Wettbewerbsunterlagen), in: *Ambassade de France à Berlin*, hrsg. v. Ministère des Affaires Etrangères, Besançon 1997, S. 30-40.
[113] Vgl. www.France.diplomatie.fr/label_France/architecture/05.html, Stand: 4.4.2001.
[114] Vgl. Jaquand, C., Savoy, B.: „On danse sous le Tilleuls on danse à la Pariser Platz...", in: *Ambassade de France à Berlin*, hrsg. v. Ministère des Affaires Etrangères, Besançon 1997, S. 10ff.

Laibungen der Fenster sind so angeschrägt, daß sie in Richtung auf das Brandenburger Tor weisen.[115] Den Abschluß bildet ein verglastes Dachgeschoß. Die Fassade zum Pariser Platz besteht, wie gefordert, aus hellem Sandstein, während die Fassade zur Wilhelmstraße hin funktional gestaltet ist. Sie ist eher schmal und wirkt durch ihre Höhe wie ein Turm.

De Portzamparc teilt das Grundstück hinter der repräsentativen Fassade in verschiedene Bereiche auf. Am Pariser Platz werden sich die offiziellen Räumlichkeiten, wie die Kanzlei, die Residenz des Botschafters und verschiedene Empfangsräume befinden. Zur Wilhelmstraße hin sind das Konsulat, die Verwaltung und die Räume für kulturelle Veranstaltungen angeordnet, wobei sich im Erdgeschoß die Bereiche befinden, die für die Öffentlichkeit zugänglich sind. Neben dem Konsulat sind das eine Bibliothek, Seminar- und Ausstellungsräume sowie eine Cafeteria. Die beiden Gebäudekomplexe sind auf allen Geschossen durch eine verglaste Galerie verbunden, die im Erdgeschoß einen Verbindungsweg von der Wilhelmstraße zum Pariser Platz darstellt und ebenfalls für die Öffentlichkeit zugänglich ist. In den oberen Geschossen stellt sie eine Verbindung zwischen den unterschiedlichen Abteilungen her. So sind die beiden Bereiche mit jeweils unterschiedlichem Sicherheitsbedürfnis zwar funktional voneinander getrennt, aber dennoch miteinander verbunden. Zwischen den beiden Zonen liegt ein „zentraler Pavillon", der neben einem Auditorium im Erdgeschoß über weitere Versammlungsräume verfügt, die von beiden Gebäudekomplexen aus zugänglich sind. Durch dieses Zwischengebäude wird das Grundstück so strukturiert, daß zwei offene Höfe auf unterschiedlichen Ebenen entstehen.[116] Im repräsentativen Bereich ist dies ein großer etwas erhöhter Garten, um den sich die Empfangssalons und ein Speisesaal gruppieren. Im öffentlicheren Bereich entsteht dagegen ein gut belichteter Innenhof auf der Ebene des Erdgeschosses.[117]

Um den Eindruck der Eingeschlossenheit zu vermeiden, wurden die dem Grundstück auf der Rückseite der Botschaft gegenüberliegende Mauer der angrenzenden Gebäude durch eine Art Viadukt aufgelockert, das in einer Höhe von dreizehn Metern mit Bäumen bepflanzt wird und oben eine begehbare Promenade dar-

---

[115] Siehe Abb. 5, S. 31.
[116] Siehe Abb. 6, S. 31.
[117] Vgl. Portzamparc de, Ch.: „Christian de Portzamparc", in: *Ambassade de France à Berlin*, hrsg. v. Ministère des Affaires Etrangères, Besançon, 1997 S. 22f.

stellt. Die horizontale Linie dieses Viaduktes unterteilt die Mauer und vermittelt Weite. Auch der Garten und der Innenhof sowie die Galerie mit Zugangsmöglichkeiten am Pariser Platz und in der Wilhelmstraße bewirken eine Öffnung des Grundstücks.[118]

3.3 Die Botschaft und Öffentlichkeit

Auch die französische Botschaft paßt sich den veränderten Anforderungen an die Diplomatie unserer Zeit an. Sie sieht sich neben den traditionellen Repräsentationsaufgaben als „vitrine culturelle",[119] welche die Öffentlichkeit sowohl in der repräsentativen Arbeit als auch in den baulichen Anforderungen berücksichtigt. Die Architektur ermöglicht durch die getrennte Anordnung der Bereiche mit vermehrtem Sicherheitsbedürfnis, eine erweiterte Nutzung der Botschaft durch die Öffentlichkeit. Im Erdgeschoß des Gebäudeflügels, der an die Wilhelmstraße grenzt, stehen neben der Bibliothek verschiedene Räumlichkeiten zur Verfügung, die für Ausstellungen oder Seminare genutzt werden können und der Öffentlichkeit einen Einblick in Land und Diplomatie geben. Es bleibt abzuwarten, wie die Botschaft die vielfältigen Möglichkeiten nach Fertigstellung des Gebäudes nutzen wird.

3.4 Architektur als visuelle Identität Frankreichs und ihre Wirkung

Frankreich möchte mit seiner Vertretung in Berlin die enge Freundschaft widerspiegeln, die beide Länder auch im Hinblick auf ein vereintes Europa verbindet. Dabei möchte es mit dem Neubau der Botschaft sowohl an die Geschichte anknüpfen als auch der Hauptstadt Berlin, die ein Symbol für das wiedervereinigte Europa ist, gerecht werden. Auch hier wünschte man sich, daß die Botschaft ein Beispiel für die Kreativität der französischen Architektur darstellt und somit ihre Identität als französische Vertretung unterstreicht.

> „La nouvelle ambassade, en effet, doit à la fois marquer avec éclat le renouveau et la créativité de l'école française d'architecture et s'intégrer dans un tissu urbain déjà façonné par le temps [...]."[120]

---

[118] Vgl. Portzamparc de, Ch., in : *Ambassade de France à Berlin*, 1997, S. 20f.
[119] Gain, B.: „Avant-propos", in: *Ambassade de France à Berlin,* hrsg. v. Ministère des Affaires Etrangères, Besançon 1997, S. 3.
[120] Ebd., S. 2.

Christian de Portzamparc hatte verstanden, was man von ihm erwartete, und er schien im Vergleich zu seinen Mitbewerbern den Wünschen des französischen Außenministeriums am besten zu entsprechen, denn sein Entwurf wurde als „contemporain et fonctionnel, représentatif de l'esprit classique français"[121] gelobt.

In diesem Zusammenhang hat die Fassade am Pariser Platz eine besondere Bedeutung, denn besonders hier zeigt sich, wie Frankreich die historischen Vorgaben des Pariser Platzes auf zeitgenössische Weise beantwortet. De Portzamparc benutzt in seiner Interpretation der Fassade die alte Botschaft als Vorbild.[122] Dies ist zum Beispiel am vorgebauten Portikus erkennbar, der genauso groß wie im früheren Gebäude ist und den hohen Persönlichkeiten beim Betreten des Gebäudes Schutz bieten soll. Die Fensteröffnungen erzeugen einen ruhigen Rhythmus und bringen wie beim alten Gebäude eine Hauptetage zur Geltung. Um jedoch eine mechanische Wiederholung zu vermeiden, setzt de Portzamparc bei den großen Öffnungen Variationen ein, die das Bild beleben. Einen ähnlichen Effekt bewirken die Laibungen der Fenster, die schräg zum Brandenburger Tor weisen und sich der Symmetrie der Fassade widersetzen.[123] Der Rückgriff auf die alte französische Botschaft ist nicht nur ein Beispiel für die Bewahrung von Tradition,[124] was in Frankreich trotz Modernität ein wichtiger Aspekt ist, sondern er bewirkt auch einen Identitätstransfer vom alten auf das neue Gebäude. Durch die moderne und kreative Interpretation der alten Botschaft wird aber auch die heutige Identität Frankreichs unterstrichen. Mit dieser Fassade, die sich erneut selbstbewußt in den Pariser Platz und seine strengen baulichen Reglementierungen einfügt, wird Frankreich nicht zuletzt seiner städtebaulichen Verantwortung in Berlin gerecht.

Im Inneren des Grundstücks entwarf de Portzamparc eine „Hoflandschaft",[125] welche trotz der Eingeschlossenheit des Grundstücks, den Mitarbeitern und Bewohnern der Botschaft einen spannungsreichen und hellen Arbeitsplatz schafft, der zudem viele Möglichkeiten bietet, sich im Freien aufzuhalten. Es handelt sich also auch hier um Architektur, die die Bedürfnisse der Mitarbeiter berücksichtigt. Der Entwurf ist sehr vielfältig, fast scheint es, als gäbe es mehrere Projekte in ei-

---

[121] Ebd., S. 3.
[122] Siehe Abb. 17, S. 69
[123] Vgl. De Portzamparc, Ch., in: *Ambassade de France à Berlin* 1997, S. 28.
[124] Vgl. Interview mit Thomas Engasser.
[125] Meyer, U.: *Bundeshauptstadt Berlin,* 1999, S. 104.

nem. Das Viadukt mit seiner Bepflanzung schwächt nicht nur die vertikale Linie der begrenzenden Mauer ab, sondern bildet gleichzeitig einen vertraulichen Ort der Ruhe und Entspannung, an dem informelle Begegnungen stattfinden können.[126] Die gesamte Bepflanzung der Innenanlage sorgt schließlich für eine mediterrane Atmosphäre.[127]

Die Innenausstattung des Gebäudes wird von Elisabeth de Portzamparc, der Ehefrau des Architekten, geplant und entworfen. Das fertige Gebäude soll demnach eine Ausstattung bekommen, die durch französische zeitgenössische Kreativität beeindruckt. Dabei sollen sich besonders die repräsentativen Räume durch Eleganz und gedämpfte Farben auszeichnen. An teilweise beweglichen Wänden werden Werke von französischen Künstlern angebracht, die durch das schlichte Mobiliar hervorgehoben werden sollen. Viele Nischen und die Galerien zwischen den repräsentativen Bereichen bieten zudem Platz, Skulpturen aufzustellen. Auf diese Weise wird die Botschaft zu einer „vitrine de la création contemporaine",[128] wobei die Kunst einen wichtigen Beitrag zur *Identity-Architektur* leistet. Ziel ist es jedoch, keine Kunstgalerie zu schaffen, sondern einladende Räumlichkeiten, die behaglich wirken.[129] Die innere Gestaltung, die Verwendung des Lichtes und das Mobiliar werden im Einklang mit der Architektur geplant und erfüllen so die Forderung, frühzeitig Teil von *Identity-Architektur* zu sein.

Die Öffentlichkeit soll Frankreich als ein modernes und offenes Land wahrnehmen, aber auch als ein Land, in dem Traditionen eine wichtige Rolle spielen. Offenheit zeigt sich zum Beispiel darin, daß die Öffentlichkeit die Möglichkeit haben wird, Teile der Botschaft zu besuchen und auch zu nutzen. Auch die zwei Eingänge und die verbindende Galerie zwischen Pariser Platz und Wilhelmstraße bedeuten eine Öffnung zur Stadt hin. Die Modernität des Entwurfs fällt besonders auf, was sich sicherlich wiederum auf das Image von Frankreich übertragen wird. Die Tradition wird durch die kritische Rekonstruktion der alten Botschaft, aber auch durch die Rückkehr an den geschichtsträchtigen Standort deutlich. Letztendlich soll der Gesamteindruck Frankreich repräsentieren, so daß es schwierig ist,

---

[126] Vgl. de Portzamparc, Ch., in : *Ambassade de France à Berlin*, 1997, S. 25.
[127] Vgl. Redecke, S., Stern, R.: *Foreign Affairs*, 1997, S. 105.
[128] Portzamparc de, E.:„La perception des lieux et espaces", in: *Ambassade de France à Berlin*, hrsg. v. Ministère des Affaires Etrangères, Besançon 1998, S. 30f
[129] Vgl. ebd., S. 30f.

einzelne Elemente herauszulösen.[130] Man darf jedoch sicher sein, daß das Gebäude, das sich zeitnah und originell in die Landschaft am Pariser Platz einfügt, von der Öffentlichkeit nicht übersehen wird und einen besonderen Beitrag zur Wiederbelebung des Pariser Platzes als ehemaliger „Salon von Berlin" leisten wird.

„Die Französische Botschaft ist ein Gebäude, bei dem emotionale Seiten erkennbar sind: ein wenig französische Seele, ein wenig deutsche Seele, ein wenig die Geschichte unserer Stadt. Frankreich hat eine echte Botschaft zu überbringen. Aber gleichzeitig könnte man sagen, es gibt auch eine preußische Seite, die sich in dem Entwurf widerspiegelt, und eine Art Renaissance des alten Gebäudes, das sich an diesem Platz befand. Kurz gesagt, ein Gebäude, in dem die Französische Botschaft untergebracht ist und das mit Würde das wiedergibt, was Frankreich im Ausland auszudrücken hat."[131]

---

[130] Vgl. Interview mit Thomas Engasser.
[131] Zitat von Jürgen Klemann, Berliner Senator für Bauen, Wohnen und Verkehr, bei einer Pressekonferenz am 15. September 1997 in Berlin.

4. Die mexikanische Botschaft – Diplomatie der Säulen

Fassadenansicht (Abb. 8)

Foyer mit Pflanzentreppe (Abb. 9)

Zentralzylinder (Abb. 10)

Quelle: Embajada de México en Alemania, Berlin 2000.

4.1 Der Wettbewerb und seine Gewinner Teodoro Gonzaléz de León und Francisco Serrano

Mexiko erwarb für den Neubau seiner Botschaft ein Grundstück, das sich am sogenannten Klingelhöfer Dreieck in der Nähe des Tiergartens befindet. Das Auswärtige Amt von Mexiko stellte hohe Erwartungen an die Realisierung dieses Projekts. Man war sich der besonderen Bedeutung eines Neubaus in einer Stadt bewußt, die im Rahmen der städtebaulichen Umgestaltung zu einem Schauplatz der modernen Architektur und des künstlerischen Ausdrucks geworden war. Die neue Botschaft sollte Mexiko repräsentieren und sich in ihre städtische Umgebung einpassen. Zudem erschien es den Auftraggebern besonders wichtig, daß das Gebäude die Bedeutung der intensiven Beziehungen zwischen Deutschland und Mexiko auf geeignete Weise widerspiegelt. Man wollte eine Vertretung, die sowohl die Reichtümer der mexikanischen Kultur verdeutlicht, als auch ein modernes Bild von Mexiko abgibt. Die Botschaft sollte zudem dazu beitragen, die Präsenz Mexikos auf internationalem Gebiet zu stärken.[132] Hinsichtlich der Baurichtlinien bestanden nicht so strenge Vorgaben wie am Pariser Platz oder in der Wilhelmstraße. Trotzdem mußte die Bauordnung der Stadt und im besonderen die des Tiergartenbezirks beachtet werden.[133]

Das Außenministerium von Mexiko sah ebenfalls in der Ausschreibung eines Wettbewerbs die beste Möglichkeit, ein optimales Ergebnis zu erzielen. So wurden 1997 neun der renommiertesten Architekten Mexikos,[134] wovon zwei als Team teilnahmen, zum Wettbewerb eingeladen. Die Jury wurde von einer technischen Arbeitsgruppe unterstützt, die besonders die Funktionalität und Erfüllung der baulichen Bestimmungen der Stadt Berlin bewertete.[135] Die teilnehmenden

---

[132] Vgl. Gurria, A., Secretario de Relaciones Exteriores: „Arquitectura Méxicana Contemporanéa en Europa: Ocho Propuestas para la Embajada de México en Berlín", in: *Embajada de México en Berlin, Resultados del concurso para la construcción de la nueva Embajada de México en el Triángulo Klingelhöfer Sur*, hrsg. v. K. Freireiss, H. J. Commerell, Berlin 1997, S. 3f.

[133] Vgl. Interview mit Arturo Trejo, Mexikanische Botschaft, Berlin vom 12.2.2001.

[134] Die teilnehmenden Architekten waren: Oskar Bulnes, Fernando, González Gortázar, Ricardo Legorreta, Francisco Lòpez Guerra, Javier Sordo Madaleno, José Adolfo Wiechers, Abraham Zabludovsky, Teodoro González de León und Francisco Serrano.

[135] Vgl. Interview mit Arturo Trejo. Die Jury bestand aus Architekten, Kunstkritikern, Diplomaten und der damaligen Senatsbaudirektorin von Berlin Barbara Jakubeit.

Architekten fanden auch hier sehr unterschiedliche Antworten auf die ihnen gestellte Aufgabe und gaben mit ihren Entwürfen einen interessanten Überblick über die zeitgenössische mexikanische Architektur. Einige setzten gezielt Farben und geometrische Formen in ihrem Vorschlag für den Neubau der Botschaft ein. Andere entschieden sich dagegen für massive horizontale Formen. Auch die typischen Charakteristika der mexikanischen Architektur waren in einigen Entwürfen enthalten. Sie zeichneten sich durch große offene Räume und eine kraftvolle Strukturierung des Betons aus. Auch der Entwurf des Gewinnerteams González de León und Serrano wies diese Merkmale auf und entsprach am ehesten den Vorstellungen, die Mexiko mit dem Botschaftsneubau in Berlin vermitteln wollte.[136]

Die beiden Architekten haben schon viele erfolgreiche Projekte in Mexiko gemeinsam verwirklicht. Auch der Botschaftsbau ist ihnen nicht unbekannt, denn unter anderem entstand in Zusammenarbeit schon die mexikanische Botschaft in Brasilien und in Guatemala.[137]

4.2 Präsentation des Gebäudes

Der Neubau der mexikanischen Botschaft steht frei auf seinem Grundstück, so daß man sich hier nicht mit dem Problem der Eingeschlossenheit wie bei der französischen Botschaft beschäftigen mußte. Herausragendes Merkmal der Botschaft ist die besondere Fassade, die vom Boden bis zum Flachdach aus weißen Betonlamellen besteht, die wie ein Vorhang die dahinterliegende Glasfassade verstecken. Zur rechten Seite hin ist dieser Vorhang leicht zusammengerafft, so daß ein großes dreieckiges Portal entsteht, das über die ganze Höhe der Fassade verläuft.[138] Diese wird dabei an den Seiten und entlang der Traufe von einem Betonband gerahmt. Seine leuchtende weiße Farbe erhält der Beton durch die Beimischung von Marmorsand und Marmorstückchen, wobei die Oberfläche unter großem Aufwand bearbeitet wurde, bis der Beton eine gemeißelte Struktur aufwies.[139] Eine breite Eingangstreppe und eine Rampe führen zum messingfarbenen Portal.

---

[136] Vgl. Gurria, A, in: *Embajada de México en Berlin*, 1997, S. 4f.
[137] Vgl. o.Verf.: „Teodoro González de León, Francisco Serrano", in: *Embajada de México en Berlin, Resultados del concurso para la construcción de la nueva Embajada de México en el Triángulo Klingelhöfer Sur*, hrsg. v. K. Freireiss, H. J. Commerell, Berlin 1997, S. 71.
[138] Siehe Abb. 8, S. 38.
[139] Vgl . Interview mit Arturo Trejo.

Betritt man nun das Gebäude und gelangt in das Foyer, so fällt der Blick auf den mit kleinen Fenstern perforierten und mit Glas gedeckten Zylinder, der ein Atrium bildet. Dieser Zylinder liegt fast schwebend über treppenförmig angelegten Beeten, die den Abschluß des Foyers bilden und mit schlichten Grünpflanzen bepflanzt wurden. Durch einen gläsernen Aufzug, der sich im Zylinder befindet, werden alle Etagen der Botschaft miteinander verbunden.[140] Vom Aufzug führen transparente Brücken in die jeweiligen Etagen, wobei sich die Büros um den vorderen Teil des Zylinders gruppieren. Im Erdgeschoß, das über zwei Etagen geht, befindet sich das Foyer, ein Saal, der verschiedenen Nutzungen offen steht, und ein Informationszentrum beziehungsweise eine Bibliothek. In der nächsten Etage haben das Konsulat und das Kulturzentrum Platz gefunden. Darüber liegt die Kanzlei, die wiederum über zwei Stockwerke geht. Krönender Abschluß und letzte Etage ist ein Dachgarten, der einen Ausblick auf den Tiergarten und das Berliner Zentrum bietet. In Bezug auf die verwendeten Materialien dominieren im Inneren des Gebäudes Glas und derselbe weiße oberflächenbehandelte Beton, der auch an der Fassade verwendet wurde.

4.3 Die Botschaft und Öffentlichkeit

Auch die mexikanische Botschaft bietet der Öffentlichkeit zahlreiche Möglichkeiten, mit der Architektur des Gebäudes in Kontakt zu kommen. Seit der Einweihung des Gebäudes im November 2000 besteht ein großes Interesse, das Gebäude zu besichtigen. Dabei ist der Zugang jedoch auf die erste Etage beschränkt, die ohne Anmeldung besucht werden kann. Nur in besonderen Fällen ist eine Besichtigung des gesamten Gebäudes möglich.[141]

Auch hier bemüht man sich um die Verbreitung der mexikanischen Kunst und Kultur. Der multifunktionale Saal im Erdgeschoß bietet einen besonderen Ort, an dem sich Mexiko der Öffentlichkeit präsentieren kann. Je nach Bedarf kann er zusammen mit dem Foyer in einen großen Veranstaltungssaal für Empfänge, Konferenzen, Seminare, Ausstellungen und Kino- und Theatervorstellungen umgewan-

---

[140] Siehe Abb. 9, S. 38.
[141] Vgl. Interview mit Arturo Trejo.

delt werden.[142] Hier finden nicht nur kontinuierlich Ausstellungen von zeitgenössischen mexikanischen Künstlern statt, sondern auch Konzerte mit mexikanischem Bezug. Mit großem Erfolg hatte die Botschaft an der *Langen Nacht der Museen* im Januar 2001 in Berlin teilgenommen. Dabei war das Gebäude mit etwa 8000 Besuchern eines der meistbesuchten Objekte der Veranstaltung. Im Vergleich zur alten Botschaft in Bonn bietet der Neubau nach Ansicht der Botschaftsangehörigen ideale Räumlichkeiten für kulturelle Veranstaltungen.[143]

Natürlich haben auch Personen, die das Konsulat in der ersten Etage der Botschaft besuchen, die Gelegenheit, mit der außergewöhnlichen Architektur des Gebäudes in Kontakt zu kommen.

4.4 Architektur als visuelle Identität Mexikos und ihre Wirkung

Wichtigste Forderung des Außenministeriums an den Neubau der mexikanischen Botschaft in Berlin war, daß das Gebäude ein unverwechselbares Bauwerk darstellt, das Mexiko repräsentiert, indem es sich mit den Wurzeln des Landes identifiziert, aber gleichzeitig auch die heutigen Verhältnisse in Mexiko darstellt. Es sollte zudem ein Gebäude sein, das den hohen Erwartungen an die Beziehungen zwischen Deutschland und Mexiko gerecht wird.[144] Das Ergebnis der Architekten González de León und Serrano vermittelt nach Ansicht der Bauherren auf besondere Weise die reiche Kultur Mexikos und entspricht zugleich dem dynamischen und modernen Charakter des Landes.

> „[...] la imagen del edificio, digna, sólida y austera, corresponde a aquélla que el Gobierno de México pretende dar de un país como el nuestro, dínamico y progresísta, dueño de una rica identidad a la vez urbano y cosmopolita."[145]

Elemente wie Monumentalität, Freundlichkeit, Großzügigkeit und Helligkeit sind typisch für die mexikanische Architektur und bei diesem Gebäude nicht zu über-

---

[142] Vgl. Friedrich R., Embajador de México en Alemania: „El nuevo edificio de la Embajada de México en Berlin", in: *Embajada de México in Alemania, Inauguración del nuevo edificio*, hrsg. v. Secretaría de Relaciones Exteriores, Berlin 2000, S. 7.
[143] Vgl. Interview mit Arturo Trejo.
[144] Vgl. Gurría, A., S. 3: Deutschland ist wichtigster europäischer Handels- und Exportpartner Mexikos. Zudem erhofft sich Mexiko über die Beziehungen zu Deutschland eine Annäherung an Mittel- und Osteuropa.
[145] Gurría, A., in: *Embajada de México en Berlin*, 1997, S. 4.

sehen.[146] Besonders der Aspekt der Monumentalität, der sich vor allem in der Gestaltung der Fassade zeigt, ist ein Element, das für die mexikanische Architektur schon seit präkolonialer Zeit charakteristisch ist.[147] Der Betrachter erahnt so schon bei der Fassade, welche Identität in dem Gebäude steckt. Die außergewöhnliche Monumentalität und Originalität des Gebäudes verdeutlichen, daß sich dahinter eine wichtige hauptstädtische Funktion verbirgt. Natürlich weisen auch hier der Schriftzug *Embajada de México* mit Nationalwappen auf dem messingfarbenen Portal und die mexikanische Flagge, die über der Freitreppe hängt, zusätzlich auf die Identität des Gebäudes hin.

Die Betonlamellen der Fassade vermitteln, obwohl sie hauptsächlich für den monumentalen Charakter der Fassade verantwortlich sind, durch den Wechsel zwischen Längselementen und Öffnungen auch eine gewisse Leichtigkeit und Transparenz. Gerade diese Kombination von Monumentalität und Leichtigkeit symbolisiert den vielschichtigen Charakter Mexikos als modernes Land mit einer jahrtausendealten Kultur.[148] Dabei gewährt der Vorhang aus Beton, je nach Standort des Betrachters, entweder einen Blick in das Gebäude, oder aber es verschließt sich den neugierigen Blicken. Damit entsteht ein dynamisches Bild, das sich je nach Blickwinkel des Betrachters verändert. Am Abend kann man so beobachten, wie die Botschaftsbeamten in ihren beleuchteten Büros arbeiten. Besonders diese Einblicke für die Öffentlichkeit symbolisieren Aufgeschlossenheit und Offenheit, wie es den neuen Anforderungen an die Diplomatie entspricht. Von innen nach außen herrscht dagegen maximale Transparenz, so daß den Mitarbeitern der Botschaft jederzeit ein freier Ausblick auf das städtische Geschehen geboten wird.

Das Portal und der dreieckige Eingangsbereich dominieren die Fassade deutlich. Es überrascht daher nicht, daß nach Ansicht der Architekten der Eingang die Brücke zwischen Stadt und Gebäude darstellt und ein besonders wichtiges Element ist.[149] Mancher Passant könnte den Eindruck haben, daß er förmlich in das

---

[146] Vgl. Interview mit Arturo Trejo.
[147] Vgl. Meyer, U.: *Bundeshauptstadt Berlin*, 1999, S. 133.
[148] Vgl. González de León, T., Serrano, F.: „El Proyecto", in : *Embajada de México in Alemania, Inauguración del nuevo edificio*, hrsg. v. Secretaría de Relaciones Exteriores, Berlin 2000, S. 10.
[149] Vgl. Düssel, S., Theodorakopoulou, P.: „Wie holten Sie Mexikos Licht nach Berlin, Herr González de Léon?", *Der Tagesspiegel*, Nr. 17240 vom 22.11.2000, S. 26.

Gebäude hineingesogen wird, da sich die ganze Fassade auf die schmale Öffnung, die das Portal bildet, hin konzentriert. Aber auch das Material des Portals, glänzende Messingplatten, sorgt dafür, daß der Eingang einen enormen Eindruck hinterläßt. Man könnte fast meinen, man befände sich vor einer wie „Aztekengold schimmernden Tresortür".[150] Die besondere Inszenierung des Eingangs ist unter anderem wichtig für die Funktion der Botschaft als kulturelle Institution, denn schließlich soll die Öffentlichkeit eingeladen werden, das Gebäude zu besuchen. Auf der anderen Seite wirkt der Eingang wie ein Theatervorhang am Ende einer Vorstellung, durch den die Akteure immer wieder schlüpfen, um sich vor dem Publikum zu verbeugen und den Beifall zu ernten.[151] Hier könnte man ohne weiteres eine Anspielung auf das diplomatische Parkett vermuten. Schließlich sticht der weiße behauene Beton der Fassade, ein eher ungewöhnliches Baumaterial für Berlin und charakteristisches Element der zeitgenössischen mexikanischen Architektur,[152] besonders ins Auge und hebt das Gebäude deutlich von seiner Umgebung ab. Durch die besondere Oberflächenbehandlung des Betons treten die Marmorstückchen hervor, mit dem Effekt, daß die Botschaft wie „ein Edelstein in der Morgensonne leuchtet".[153] Allein die Fassade bewirkt hier eine gesteigerte Wahrnehmung in der Öffentlichkeit, indem sie Aufmerksamkeit erregt und die Botschaft deutlich von der Umgebung abhebt. Durch einen „überdimensionalen Strichcode"[154] wird die Präsenz Mexikos signalisiert.

Auch im Inneren der Botschaft finden sich viele Bezüge zum Mutterland. So ist die Botschaft den traditionellen mexikanischen Hofhäusern, die einen begrünten Innenhof besitzen, nachempfunden.[155] Den *Patio* oder das Atrium bildet hier jedoch der Zylinder aus perforiertem Beton, der das ganze Gebäude durchzieht

---

[150] Jaeger, F.: „Vier Monate lang gehämmert, Neues Bauen in Berlin: Die mexikanische Botschaft von Teodoro González de León und Francisco Serrano", *Der Tagesspiegel*, Nr. 17245, vom 27.11.2000, S. 28.
[151] Vgl. ebd.
[152] Vgl. Interview mit Arturo Trejo.
[153] Hoffmann, H. W.:„Greencards für die Hombres, Führungsmacht des amerikanischen Kontinents: Teodoro González de León und Francisco Serrano entwarfen die Botschaft Mexikos in Berlin", *Frankfurter Rundschau*, Nr. 271/47, vom 21.11.2000, S. 19.
[154] Wefing, H.: „Hinter dem Fassadengrill, Schöner Schein: Die neue mexikanische Botschaft in Berlin", *Frankfurter Allgemeine Zeitung*, Nr. 275, vom 25.11.2000, S. 41.
[155] Vgl. Meyer, U.: *Bundeshauptstadt Berlin*, 1999, S. 133.

und um den sich alle Räumlichkeiten der Botschaft gruppieren. Dieser Zylinder stellt den einenden Ort des Gebäudes dar; Mitarbeiter und Besucher gelangen hier zu ihren unterschiedlichen Bestimmungsorten. Sinn dieses zentralen Ortes ist es, daß der Besucher und die Mitarbeiter immer wieder die Gesamtkonzeption des Gebäudes erfahren und so die Idee des Ganzen erfassen.[156] Aber auch auf praktischer Ebene hat dieser zentrale Zylinder, in dem sich der gläserne Aufzug befindet, den Vorteil, daß er sowohl einen Treffpunkt für die Mitarbeiter darstellt als auch Durchsichten über alle Etagen hinweg erlaubt und so die Kommunikation untereinander verbessert. Die Verwendung desselben weißen Marmorbetons wie an der Fassade und der hohe Glasanteil vermitteln im Inneren ein Gefühl von Freundlichkeit und Helligkeit, das durch die Großzügigkeit der Raumaufteilung noch unterstützt wird. Besonders im geräumigen Foyer mit seiner großen Höhe profitiert man von der besonderen Raumdynamik und den sich ergebenden Perspektiven. Der Besucher wird hier von der raffinierten Beleuchtung und originellen räumlichen Anordnung überrascht.

Den Mitarbeitern bietet die Architektur angenehme Arbeitsplätze durch helle Büros, die mit der neuesten Technik ausgestattet sind. Durch die Verwendung von viel Glas profitieren die Mitarbeiter auch an Wintertagen von hellen Räumen, während die Betonlamellen der Fassade dafür sorgen, daß das Licht gebrochen wird und man so das ganze Jahr ohne Jalousien arbeiten kann. Die Mitarbeiter fühlen sich an ihren Arbeitsplätzen wohl und sind zudem sehr stolz auf „ihre" neue Botschaft, die in der Öffentlichkeit viel Bewunderung hervorruft.[157] Auch hier fördert die Architektur also die Identifikation im Innenverhältnis und die Motivation am Arbeitsplatz.

Für die Architekten war die Integration von Licht bei ihrem Entwurf von besonderer Bedeutung. Im Inneren der Botschaft spiegeln sich zahlreiche Lichtreflexe auf der weißen Oberfläche der Wände. Direktes Licht sollte dabei vermieden werden. Während die Betonlamellen der Fassade dafür sorgen, daß nur kontrolliertes Licht in die Botschaft eindringt, sammelt der zentrale glasgedeckte Zylinder

---

[156] Vgl. Düssel, S., Theodorakopoulou, P.: „Wie holten Sie Mexikos Licht nach Berlin", *Der Tagesspiegel*, Nr. 17240, vom 22.11.2000, S. 26.
[157] Vgl. Interview mit Arturo Trejo.

das Licht und leitet es durch das Gebäude.[158] Durch diese Lichtspiele entsteht in der Botschaft eine repräsentative und ruhige Atmosphäre. Die Kunst, als identitätsstiftendes Element, ist in diesem Gebäude vor allem im Foyer und in den Veranstaltungsräumen in Form von wechselnden Ausstellungen eingesetzt worden.[159]

Die Architektur der Botschaft verleiht Mexiko das Image eines offenen, modernen Landes mit hervorragender Architektur. Ganz bewußt hat man sich hier nicht an der traditionellen mexikanischen Architektur orientiert und folkloristische Elemente integriert. Damit wollte man vor allem mit den gängigen Klischees brechen und deutlich machen, daß Mexiko mehr zu bieten hat als touristische Attraktionen.[160] Aber Mexiko hat mit dieser Botschaft nicht nur einen Beitrag zum eigenen Image geleistet, sondern auch seine städtebauliche und ästhetische Verantwortung in Berlin wahrgenommen. Das Gebäude bereichert durch seine originelle Architektur die städtebauliche Gestaltung Berlins auf besondere Weise und sorgt gleichzeitig dafür, daß die Diskussion über die Ästhetik zeitgenössischer Architektur vorangebracht wird.

> „Estoy seguro que [la Embajada de México] estimulerá la discusión estética de la arquitectura contemporánea, que contribuye al enriquimiento urbano de Berlín y será un impulso en el acercamiento de las relaciones entre México y Alemania."[161]

Die Botschaft stellt inzwischen auch eine touristische Attraktion dar.[162] Als erste von mexikanischen Architekten entworfene diplomatische Vertretung in Europa, ist sie nicht zuletzt ein Werbemedium für die zeitgenössische mexikanische Architektur auf internationaler Ebene.[163]

---

[158] Siehe Abb. 10, S. 38.
[159] Siehe Abb. 19, S. 70.
[160] Vgl. Interview mit Arturo Trejo.
[161] Friedrich, R., in: *Embajada de México en Alemania*, Berlin 2000, S. 7.
[162] Vgl. Interview mit Arturo Trejo.
[163] Vgl. Friedrich, R., in: *Embajada de México en Alemania*, 2000, S. 7.

5. Die nordischen Botschaften – das grüne Band der Sympathie

Kupferband (Abb. 11)

Gesamtkomplex (Abb. 12)

Fassade Gemeinschaftshaus (Abb. 13)

Foyer Gemeinschaftshaus (Abb. 14)

Möbeldesign (Abb. 15)

Quelle: The Nordic Embassies in Berlin, o. Ort o. Jahr.

5.1 Der Wettbewerb und seine Gewinner Alfred Berger und Tiina Parkkinen

Erst die Entscheidung, Berlin zur Hauptstadt des vereinigten Deutschlands zu machen, ermöglichte den nordischen Ländern, Finnland, Schweden, Norwegen, Island und Dänemark, den schon länger erwogenen Gedanken eines gemeinsamen Auftritts im Ausland zu verwirklichen. Hintergrund dieses ungewöhnlichen Vorhabens ist, neben wirtschaftlichen Vorteilen, die lange Tradition der nordischen Zusammenarbeit im Rahmen des Nordischen Rates und der Wunsch, sich dem Ausland als Gemeinschaft zu präsentieren.[164] Dabei konnten Finnland und Schweden ihre ehemaligen Grundstücke im Tiergarten zurückerwerben. Das gemeinsame Projekt wurde jedoch erst möglich, als Dänemark das benachbarte Grundstück kaufen konnte und sich ein für das Vorhaben ausreichendes Gesamtgrundstück ergab.

Eine nordische Arbeitsgruppe erarbeitete das Bauprogramm, bei dem fünf Botschaften[165] und ein Gemeinschaftshaus vorgesehen waren, und entschied sich schließlich für einen zweistufigen Wettbewerb zur Realisierung des Projekts. In der ersten Phase fand 1995 ein europaweiter Wettbewerb[166] statt, dessen Inhalt das Gesamtkonzept des Gebäudekomplexes sowie der Entwurf des Gemeinschaftshauses war. Die Vorgaben der Ausschreibung machten den Wunsch nach einem „nordischen Wahrzeichen in Berlin"[167] deutlich, das sowohl als Einheit wahrgenommen wird, als auch Raum für die Individualität der einzelnen Länder läßt. Die ungewöhnliche Aufgabenstellung fand ein großes Interesse. Insgesamt reichten 222 Teilnehmer ihre Entwürfe ein.[168]

Die Jury[169] befaßte sich bei der Beurteilung der Entwürfe vor allem mit dem Problem, wie eine nordische Identität dargestellt werden kann. Unter den einge-

---

[164] Vgl. Madsen, E. F., in: *The Nordic Embassies in Berlin - Die Botschaften der Nordischen Länder in Berlin*, Publikation der Nordischen Botschaften in Berlin, o. Ort o. Jahr, S. 1.
[165] Dies sind die finnische Botschaft, die schwedische Botschaft, die norwegische Botschaft, die isländische Botschaft und die dänische Botschaft.
[166] Alle EU-Länder und zusätzlich Norwegen und Island konnten am Wettbewerb teilnehmen.
[167] Käpplinger, C.: „Hinter dem Kupferband, Fünf nordische Botschaften", in: *Foyer Nr. 02, Die Welt in Berlin, Botschaften und Konsulate für die Hauptstadt*, hrsg. v. Senatsverwaltung für Bauen, Wohnen und Verkehr, 1996, S. 20.
[168] Vgl. Skov, J.: „The Building Projekt", in: *The Nordic Embassies in Berlin - Die Botschaften der Nordischen Länder in Berlin*, o. Ort o. Jahr, S. 14.
[169] Die Jury bestand aus Vertretern der nordischen Länder und des Berliner Senats.

reichten Arbeiten befanden sich dann auch viele Entwürfe, die sich der typisch nordischen Architektursprache bedienten. Die internationale Jury wählte schließlich den Vorschlag von Alfred Berger und Tiina Parkkinen aus Wien zum Sieger, die mit ihrem Konzept Individualität und Gemeinschaft überzeugend vereinten.[170] Ausgehend vom Entwurf der beiden Architekten, begann die zweite Phase des Wettbewerbs, bei der in den fünf Ländern Wettbewerbe für die nationalen Botschaftsgebäude ausgeschrieben wurden. Im Mai 1997 konnten die fünf Botschafter mit einer speziellen Spatenanfertigung, bestehend aus fünf Griffen, den ersten Spatenstich äußerst medienwirksam vollziehen.[171]

Das gemeinsame Büro *Berger+Parkkinen Architekten Wien-Helsinki* wurde 1995 gegründet. Weitere wichtige Projekte neben den nordischen Botschaften in Berlin sind das Opernhaus in Linz, das Musiktheater in Graz und die Zentralbibliothek in Turku/ Finnland.[172]

5.2 Präsentation des Gesamtkomplexes mit Gemeinschaftshaus
Das fast dreieckige Grundstück am Klingelhöferdreieck wird an zwei Seiten von Hauptverkehrsstraßen begrenzt, während die dritte Seite an der ruhigeren Rauchstraße liegt. Auffällig in diesem Stadtviertel ist das Spannungsverhältnis zwischen einerseits recht dichter Bebauung und andererseits der Parklandschaft des Tiergartens. Fast der gesamte Komplex der nordischen Botschaften ist wellenförmig von einem grün schimmernden Kupferband umgeben, das aus gleichartig aneinandergefügten patinierten Lamellen besteht und sechzehn Meter mißt.[173] Nur an der kleinen Seitenstraße öffnet sich das Band und dem Betrachter wird der Blick auf die gesamte Anlage mit den einzelnen Botschaftsgebäuden und dem Gemeinschaftshaus geboten.[174]

---

[170] Vgl. Mäkinen, M. K.: „Rückblickende Gedanken eines Jurymitgliedes" in: *Die Botschaften der Nordischen Länder, Berlin Tiergarten*, Publikation hrsg. von Berger + Parkkinen, Wien o. Jahr, S. 17.
[171] Vgl. Skov, J., in: *The Nordic Embassies in Berlin - Die Botschaften der Nordischen Länder in Berlin*, o. Jahr, S. 15.
[172] Vgl. www.nordischebotschaften.org/NEW/DEUTSCH/INFO/ARKITEKT.HTM, Stand: 29.11.2000.
[173] Vgl. Käpplinger, C, in: *Foyer Nr. 02, Die Welt in Berlin, Botschaften und Konsulate für die Hauptstadt*, 1996, S. 20.
[174] Siehe Abb. 23, S. 72.

Innerhalb des Kupferbandes gruppieren sich die fünf Botschaften und das Gemeinschaftshaus. Dabei wird die Lage der einzelnen Gebäude entlang des Kupferbandes durch mehrere das Grundstück teilende Schnittlinien bestimmt, welche die Grundlage des Entwurfs von *Berger+Parkkinen* darstellen.[175] Durch diese Anordnung wird das Gemeinschaftshaus durch eine Schnittlinie von den übrigen Gebäuden herausgelöst, so daß es außerhalb des Sicherheitsbereichs steht und als einziges Gebäude direkt vom Vorplatz aus zugänglich ist.

Das Gemeinschaftsgebäude ist trotz seiner exponierten Lage wie alle Gebäude mit dem Kupferband verbunden. Charakteristisches Gestaltungselement ist die Holzfassade aus horizontalen Holzlattenbändern mit einer dahinterliegenden Glasfront. Der Eingang wird durch eine breite Glasfassade, die fast bis zum Flachdach des Gebäudes reicht und den Blick auf die verschiedenen Stockwerke freigibt, hervorgehoben.[176]

Betritt man das Gebäude, so gelangt man in das glasüberdachte Foyer, das wie eine Halle das Mittelstück des Gebäudes bildet und von zwei leicht versetzten Gebäudeflügeln gebildet wird. Im hinteren Teil wird die Halle vom Kupferband abgeschlossen. Auffallendes Element des Foyers ist eine mittig plazierte Glastreppe, die zu den oberen Stockwerken führt.[177] Neben der Rezeption für die Anmeldung von Besuchern und der Eingangsschleuse für die Botschaften liegen im Erdgeschoß noch ein Auditorium, sowie im hinteren rechten Gebäudeflügel das Konsulat, das jedoch separat von der Rauchstraße aus erschlossen wird. Im ersten Stockwerk befinden sich in beiden Gebäudeflügeln einige kleinere Konferenzräume sowie Ausstellungsbereiche, die galerieartig um die offene Halle gruppiert sind. Auf der letzten Etage steht den Botschaftsangestellten ein Restaurant zur Verfügung.

Die Räumlichkeiten des Gemeinschaftshauses werden von allen Botschaften gemeinsam genutzt. Selbst das Konsulat ist eine gemeinschaftliche Einrichtung, obwohl es natürlich für jedes Land einen separaten Schalter gibt. Die Eigentumsverhältnisse an Grundstück und Gemeinschaftshaus des Gesamtkomplexes gestal-

---

[175] Siehe Abb. 22, S. 72.
[176] Siehe Abb. 13, S. 46.
[177] Siehe Abb. 14, S. 46.

ten sich nach einem bestimmten Verhältnis anteilig, während die einzelnen Botschaften Alleineigentum der jeweiligen Länder sind.[178]

5.3 Die nordischen Botschaften und Öffentlichkeit[179]

Auch die nordischen Botschaften wollen für die Öffentlichkeit zugänglich sein. Dabei ist das Gemeinschaftshaus, das auch am Wochenende geöffnet ist, die wichtigste Anlaufstelle. In den Ausstellungsbereichen finden wechselnde Ausstellungen skandinavischer Kunst statt. Sie werden entweder einzeln oder gemeinsam von den Botschaften organisiert. Das Auditorium bietet Platz für Pressekonferenzen, Vorträge, Filmvorführungen oder auch kleinere Konzerte. Auch traditionelle Feiern, wie zum Beispiel das schwedische *Lucia-Fest* oder Feste anläßlich von Nationalfeiertagen können hier abgehalten werden. Zur Zeit gilt das besondere Interesse der Öffentlichkeit jedoch vor allem der Architektur des Botschaftskomplexes. Das Gemeinschaftshaus bietet hier als „Ausstellungsstück nordischer Architektur" viele Anreize, den nordischen Botschaften einen Besuch abzustatten. Die einzelnen Botschaftsgebäude sind jedoch für die Öffentlichkeit trotz vieler Anfragen nur begrenzt über Anmeldung zugänglich, da der Arbeitsablauf nicht gestört werden soll. Lediglich beim *Tag der Offenen Tür* im Oktober 1999 konnten alle Botschaften ohne Einschränkung besucht werden.

5.4 Architektur als Ausdruck nordischer Identität und ihre Wirkung

Die nordischen Botschaften stellen einen Sonderfall in Bezug auf Botschaftsbauten dar, denn hier sollte die Architektur nicht nur ein einziges Land vertreten, sondern insbesondere den „nordischen Geist" repräsentieren, der allen fünf Ländern gemeinsam ist. Ausdrückliche Forderung an die Architekten war also, ein Konzept zu finden, das sowohl nordische Einheit darstellt, als auch Raum für nationale Individualität bietet. Der Entwurf von *Berger+Parkkinen* erfüllt diese Aufgabe, ohne Kompromisse einzugehen.

Wichtigstes vereinendes Element und Ausdruck nordischer Identität ist ohne Zweifel das Kupferband, das sich an jedes einzelne Gebäude anschmiegt und eine

---

[178] Vgl. Skov, J., in: *The Nordic Embassies in Berlin - Die Botschaften der Nordischen Länder in Berlin*, o. Ort o Jahr, S. 15.
[179] Vgl. Interview mit Leena Kekkonen, Botschaftsrätin, finnische Botschaft / nordische Botschaften, Berlin vom 13.2.2001.

verbindende Hülle für die Anlage bildet. Es bewirkt damit nicht nur, daß die Gebäude ihren isolierten Charakter verlieren, sondern auch daß sie aufgrund des großen Maßstabs zu einem „landmark"[180] in der städtischen Landschaft von Berlin werden, das weithin sichtbar ist. Aber auch in Bezug auf Material und Form läßt das Band an den Norden denken. Kupfer ist ein häufig verwendetes Baumaterial in den skandinavischen Ländern.[181] Die geschwungene weiche Form und grüne Farbe erinnern zudem an die Natur, die eines der bekanntesten Merkmale nordischer Länder ist. Auffällig ist, daß das Kupferband sich in seiner Bewegung nicht nur an den Grenzen des Grundstücks orientiert, sondern auch am Baumbestand, dem es fast respektvoll auszuweichen scheint.[182] Das Kupferband reagiert also in Material und Form auf die nahe Natur des Tiergartens und sorgt so für die verantwortungsbewußte Einbindung der Anlage in die Umgebung.

Die Lamellen des Kupferbandes haben mit ihren variablen Neigungswinkeln nicht nur die praktische Funktion, für Belüftung und Belichtung zu sorgen, sondern sie bieten auch Transparenz, indem Sichtbeziehungen zwischen Innen und Außen möglich werden, was die Offenheit der nordischen Länder signalisiert. Der abweisende Charakter, den man mit einer umgebenden Hülle verbinden könnte, wird hier in das Gegenteil umgewandelt. Die Neugier des Betrachters wird gesteigert, bis sich das Kupferband in der Rauchstraße explosionsartig öffnet und der Blick auf alle Gebäude freigegeben wird.[183] Durch diese Spannungsfolge vereint das Band nicht nur, sondern unterstreicht auch die Individualität seines Inhalts.

Die einzelnen Gebäude und Leerräume der Anlage sind nach dem Konzept von *Berger+Parkkinen* aus dem Volumen des Grundstücks herausgeschnitten, wobei sich die Höhe der Gebäude an der Nachbarschaft orientiert. Jede Schnittlinie berührt dabei mindestens zwei Gebäude, so daß auch im Inneren symbolisch eine Verbindung zwischen den einzelnen Botschaften besteht. Zentraler Raum der Anlage ist die sogenannte *Plaza*, zu der sich alle Fassaden der einzelnen Botschaf-

---

[180] Berger, A., Parkkinen, T.: „Individualität und Gemeinschaft" (Auszug aus dem Wettbewerbstext), in: *Die Botschaften der Nordischen Länder, Berlin Tiergarten*, hrsg. v. denselben, Wien o. Jahr, S. 3.
[181] Vgl. Interview mit Leena Kekkonen.
[182] Vgl. Weiß, K.-D.: *Berger+Parkkinen, Die Botschaften der Nordischen Länder Berlin*, Stuttgart, London 2000, S. 14.
[183] Siehe Abb. 12, S. 46.

ten richten. *Berger+Parkkinen* beschreiben diesen Ort, aber auch alle anderen Leerräume zwischen den einzelnen Gebäuden, als „ständige Aufforderung zur Kommunikation",[184] bei der jedoch die „nötige Distanz für Souveränität"[185] gewahrt wird. Auch hier zeigt sich folglich Offenheit und der Wille zur Zusammenarbeit als traditionelles Merkmal nordischer Kultur.

Die räumliche Anordnung der Gebäude, vom Vorhof aus betrachtet, erinnert an die Lage der einzelnen Länder auf der Landkarte: auf Finnland folgt Schweden, darauf Norwegen, dann äußerst links Island und schließlich Dänemark.[186] Dabei erinnern eingelassene Wasserflächen zwischen den Botschaften ideell an das die Länder verbindende Meer. Das Konzept erlaubt den einzelnen Botschaften innerhalb der Anlage ihre Identität voll zum Ausdruck zu bringen. Neben typischen Elementen der nationalen zeitgenössischen Architektur, sind es vor allem landestypische Materialien, innen wie außen, sowie nationales Möbeldesign und skandinavische Kunstwerke, welche die Identität der einzelnen Botschaften vermitteln.[187] Trotz Individualität und jeweils national stattfindender Wettbewerbe bleibt bei allen Gebäuden ein nordischer Ausdruck erhalten, der auch im Inneren der Anlage für Harmonie und Einheit sorgt.

Das Gemeinschaftshaus ist nicht nur in seiner Funktion, sondern auch in der Architektur und Innenraumgestaltung Sammelpunkt für die einzelnen nordischen Identitäten. Der Vorplatz, über den man in das Gemeinschaftsgebäude gelangt ist mit schwedischen und norwegischen Natursteinen bedeckt. Auch die Holzfassade aus Lärchenholz, das in Skandinavien reichlich vorkommt, erlaubt Assoziationen mit den nordischen Ländern. Das Gemeinschaftshaus, das ebenfalls mit dem Kupferband verbunden ist, wird durch das schlichte Erscheinungsbild gut in das Gesamtkonzept eingebunden. Wichtig ist jedoch, daß es die „nordische Offenheit manifestieren"[188] soll. Trotz der relativ geschlossenen Fassade überbringt das Gebäude diese Botschaft, denn die große Glasfläche, die den Eingang rahmt, öffnet

---

[184] Berger, A., Parkkinen, T, in: *Die Botschaften der Nordischen Länder, Berlin Tiergarten*, o. Jahr, S. 3.
[185] Ebd.
[186] Siehe. Abb. 23, S. 72.
[187] Vgl. Interview mit Leena Kekkonen.
[188] Ebd.

den Blick auf alle Stockwerke im Inneren.[189] Zudem weist der Schriftzug *Die Botschaften der nordischen Länder* auf der Glasfläche, der zudem in allen fünf Sprachen erscheint, auf die gemeinschaftliche Nutzung des Hauses hin.[190]

Aber auch das Innere des Gemeinschaftshauses wirkt, bedingt durch die große glasgedeckte Halle mit der gläsernen Treppe, transparent und offen. Dieser Eindruck wird noch dadurch verstärkt, daß das Kupferband den hinteren Abschluß der Halle bildet, es also eine Sichtbeziehung mit der umgebenden Hülle und damit mit der Außenwelt gibt. Nicht nur die wechselnden Ausstellungen im Gemeinschaftsgebäude[191] übermitteln die nordische Identität und Kultur, sondern auch im besonderen Maße die Ausstattung des Gebäudes mit Designprodukten aus allen fünf Ländern. So befinden sich im Foyer zum Beispiel Sitzmöbel im klassisch dänischen Design,[192] während das mit rotem Leder ausgestattete Auditorium von finnischen Designern entworfen wurde, wobei der Parkettboden wiederum ein dänisches Produkt ist.[193] Das gemeinsam genutzte Konsulat und das gemeinschaftliche Restaurant sind besondere Kennzeichen der nordischen Zusammenarbeit und fördern nicht zuletzt das Gemeinschaftsgefühl. Die Mitarbeiter der einzelnen Botschaften sind im besonderen Maße stolz auf „ihre Anlage" und schätzen die Nutzungsmöglichkeiten des Gemeinschaftshauses.[194]

Die nordischen Länder sind für ihre Fortschrittlichkeit und Modernität bekannt, was durch die Architektur aber auch durch die Idee, die hinter diesem gemeinsamen Auftritt in Berlin steht, deutlich zum Vorschein kommt. Damit hat die Architektur und das Konzept der nordischen Botschaften einen großen Einfluß auf das Image der einzelnen Länder, aber auch auf das Image der nordischen Gemeinschaft. Leena Kekkonnen spricht dabei kurz gesagt von einer „positiven Visitenkarte"[195] für den Norden. Die Idee, sich unter Vereinigung der Einzelinteressen zu einer Gemeinschaft zusammenzufügen, verkörpert nicht zuletzt das Image einer

---

[189] Siehe Abb. 13, S. 46.
[190] Siehe. Abb. 21, S. 70.
[191] Siehe Abb. 20, S. 70.
[192] Siehe. Abb. 15, S. 46.
[193] Vgl. Berger, A., Parkkinen, T.: „The Pan Nordic Building", in: *The Nordic Embassies in Berlin - Die Botschaften der Nordischen Länder in Berlin*, hrsg. v. Nordische Botschaften in Berlin, Berlin, o. Jahr, S. 10.
[194] Vgl. Interview mit Leena Kekkonen.
[195] Ebd.

langen demokratischen Tradition in den nordischen Ländern. Als touristischer Anziehungspunkt leisten die nordischen Botschaften einen attraktiven Beitrag zum Stadtbild der neuen Hauptstadt. Der Botschaftskomplex wirkt wie

„[...] eine kleine, dafür aber auf Dauer angelegte Weltausstellung Skandinaviens, die dank der umspannenden Land Art, für die das gewählte Material Kupfer kaum geeigneter sein könnte, nicht in einzelne Pavillons auseinanderfällt."[196]

---

[196] Weiß, K.-D.: *Berger+Parkkinen*, 2000, S. 14.

6. Kritische Betrachtung

Nur in seltenen glücklichen Momenten dringen diplomatische Vertretungen mit positiven Meldungen, wie z.B. die deutsche Botschaft in Prag im Jahr 1989, in das Bewußtsein der Öffentlichkeit vor. In der neuen Hauptstadt Berlin spricht dagegen die Architektur der Botschaftsneubauten für sich. Die Frage ist jedoch, ob die Architektur tatsächlich eine „Botschaft" der Botschaft ist. Handelt es sich also bei den untersuchten Botschaften um *Identity-Architektur* oder „nur" um moderne und aufsehenserregende Architektur?

Betrachtet man die Vorgehensweise wie diese Botschaftsarchitektur entstand, so ist zunächst bezeichnend, daß bei allen Projekten nationale Wettbewerbe ausgeschrieben wurden. Eine Ausnahme bildet die erste Phase des Wettbewerbs für die nordischen Botschaften. Auf diese Weise konnte man sicher sein, daß der Architekt eine klare Vorstellung von der Identität seines Heimatlandes hat. In bezug auf die Realisierung von *Identity-Architektur* ergab sich hier also kein Vermittlungsproblem zwischen Bauherr und Architekt.[197] Auch die Wettbewerbsausschreibungen können als konkretes *Briefing* gewertet werden, so daß diesbezüglich optimale Voraussetzungen für eine *Identity-Architektur* herrschten.[198] Die Tatsache, daß die Architekten selbst Teil der nationalen Identität sind, bewirkt Authentizität und Glaubhaftigkeit, was ebenfalls den Forderungen des *CI*-Konzepts entspricht. Auffällig ist jedoch, daß alle, mit Ausnahme der nordischen Länder, nur die renommierten Architekten ihres Landes zum Wettbewerb zuließen. Möglicherweise hoffte man, daß die Architektur nicht nur durch die Gestaltung, sondern auch durch den Namen des Architekten beeindrucken würde. Diese Beobachtung läßt darauf schließen, daß Länder wie Großbritannien oder Frankreich sich von einem gewissen Prestigeanspruch schwer lösen können. Zwar ist gesichert, daß das Gebäude schon allein durch den Namen des Architekten Eindruck macht; auf der anderen Seite besteht dagegen die Gefahr, daß sich der Architekt selbst mit seiner Architektur in Szene setzen will. In diesem Fall würde es sich jedoch nicht um *Identity-Architektur* handeln, was sich negativ auf das *CI*-Konzept auswirkt. Kritiker meinen in diesem Zusammenhang, daß die Farbigkeit der britischen Botschaft

---

[197] Vgl. B) 2.2.
[198] Vgl. B) 2.4.

allein auf die Vorlieben und das Image von Michael Wilford zurückzuführen ist.[199] In der Untersuchung ist jedoch deutlich geworden, daß die meisten der von Wilford eingesetzten Farben in Zusammenhang mit Großbritannien stehen. Demzufolge stellt die Farbigkeit hier keine Abweichung von *Identity-Architektur* dar.

Vorteilhaft für die Umsetzung von *Identity-Architektur* erwies sich allgemein die Ausschreibung eines Wettbewerbs. Die Bauherren konnten sich auf diese Weise mit Hilfe der Jury die beste architektonische Umsetzung der nationalen Identität aussuchen. Dabei mußten sie keine Kompromisse eingehen, was den Erfolg von *Identity-Architektur* erheblich behindern kann.[200]

Alle Botschaften bemühen sich besonders die beiden Aspekte Modernität und Offenheit durch die architektonische Gestaltung hervorzuheben. Dabei soll von der Modernität der Architektur sowohl auf die Architekturentwicklung des jeweiligen Landes, als auch auf die Modernität des Staates und seiner Gesellschaft geschlossen werden. Dies ist im Sinne von *Identity-Architektur* keinesfalls problematisch, solange es sich tatsächlich um einen modernen Staat handelt. Frankreich, Großbritannien und insbesondere die skandinavischen Länder gelten allgemein als moderne Staaten, während Mexiko für viele ein Schwellenland darstellt. Es ist also fraglich, ob das Bild von Modernität, das Mexiko in der Hauptstadt vorgibt, tatsächlich der Realität entspricht und so auch dem Anspruch von *Corporate Identity* gerecht wird. Ziel von *Corporate Identity* ist es ja schließlich nicht, ein Image zu beschönigen, sondern möglichst Deckungsgleichheit zwischen Identität und Image zu schaffen.

Auf der anderen Seite ist es selbstverständlich, daß sich jedes Land auf bestmögliche Weise in Berlin präsentiert. Schließlich kann es nicht Sinn von Architektur sein, auf Mißstände im Land aufmerksam zu machen. *Identity-Architektur* soll besondere Merkmale und Qualitäten der Identität zum Ausdruck bringen sowie das Image positiv beeinflussen. Dies ist mit der architektonischen Gestaltung der mexikanischen Botschaft durchaus gelungen. Die Modernität der Architektur entspricht vielleicht nicht den genauen Verhältnissen in Mexiko, sie entspricht aber durchaus der Entwicklung hin zu einem modernen Staat, die Mexiko in den letzten

---

[199] Vgl. Geipel, K.: „Lila, türkis und rot", Die Britische Botschaft in Berlin, in: *Bauwelt* 37, 2000, S. 27: „[...] altmodisch sei diese Farbigkeit, ein ermüdendes Markenzeichen eben."
[200] Vgl. B) 2.4.

Jahren vollzogen hat.²⁰¹ So spiegelt die mexikanische Botschaft in ihrer Monumentalität und Modernität besonders das Selbstbewußtsein des Landes wider, ohne dabei jedoch unglaubwürdig zu wirken.

Offenheit bzw. Transparenz ist dagegen ein Darstellungselement, das sich insbesondere auf die neue Rolle der Diplomatie bezieht. Einst diskreter Schauplatz von diplomatischen Verhandlungen möchten die Botschaften heute einladend auf die Öffentlichkeit wirken und die Distanz zwischen Bürger und Staatsmacht verringern. Obwohl der Aspekt der Offenheit sich nicht direkt auf die nationalen Identitäten bezieht, sind auch hier die Voraussetzungen von *Identity-Architektur* erfüllt. Offenheit stellt eine Geisteshaltung dar, die über die Architektur zum Ausdruck gebracht wird. Dies läßt sich nicht nur an der Transparenz der einzelnen Fassaden erkennen, sondern auch an der Tatsache, daß die Gebäude Räume integrieren, die der Öffentlichkeit zugänglich sind. Interessantes Beispiel ist hier das Gemeinschaftshaus der nordischen Botschaften, das als „Gastgeschenk für die Berliner"²⁰² als ein einladendes Haus für alle gedacht ist. Offenheit zeigt sich auch daran, daß die britische Botschaft ihre Architektur nicht versteckt, sondern durch Führungen der Allgemeinheit ihr architektonisches Inneres offenbart. Dieses wird neuerdings auch durch ein Internetportal mit virtuellen Führungen unterstrichen.²⁰³

Bei den untersuchten Botschaften hat die Fassade eine herausragende Bedeutung. Gonzaléz de León sagte dazu in einem Interview mit dem *Berliner Tagesspiegel*: „Die Fassade eines Gebäudes ist sein Gesicht. Ein Gesicht zur Stadt."²⁰⁴ Im Rahmen von *Identity-Architektur* werden zwar hohe Anforderungen an jedes

---

[201] Vgl. Düssel, S., Theodorakopoulou, P: „Wie holten Sie Mexikos Licht nach Berlin", *Der Tagesspiegel*, Nr. 17240, vom 22.11.2000, S. 26.: Teodoro Gonzaléz de León weist hier insbesondere auf die moderne Ökonomie des Landes hin. Vgl. Hoffmann, H. W.:„Greencards für die Hombres, Führungsmacht des amerikanischen Kontinents: Teodoro González de León und Francisco Serrano entwarfen die Botschaft Mexikos in Berlin", *Frankfurter Rundschau*, Nr. 271/47, vom 21.11.2000, S. 19: Das Peso-Investment wird allgemein als amerikanischer Anlagefavorit angesehen. Zudem hält das Land den Spitzenplatz in Bezug auf den Anteil von Informatik-Absolventen.

[202] Möhninger, M.: „Ein Außenposten der roten Karotte", *Berliner Zeitung*, Nr. 239 ZE, vom 13.10.1999, S. 14.

[203] Vgl. www.britischebotschaft.de.

[204] Zitiert nach Düssel, S., Theodorakopoulou, P: „Wie holten Sie Mexikos Licht nach Berlin", *Der Tagespiegel*, Nr. 17240, vom 22.11.2000, S. 26.

Detail gestellt,[205] dennoch werden bei der britischen- und mexikanischen Botschaft sowie beim nordischen Botschaftskomplex Identität und Unverwechselbarkeit primär über die Fassaden zum Ausdruck gebracht. Demzufolge ergibt sich eine neue Erkenntnis für die Umsetzung von *Identity-Architektur*: Die Fassade ist essentiell für die Botschaft, die das Gebäude überbringen will. Dies bedeutet jedoch auf keinen Fall, daß die Fassade zur Kulisse werden darf. Ein Gebäude, das nur aus Fassade besteht, wirkt unglaubwürdig und widerspricht somit den Forderungen eines *CI*-Konzepts. Die Fassade der französischen Botschaft vermittelt auf subtilere Weise die Identität, indem sie an den Vorgängerbau anknüpft. Um die Aussage zu verstehen, muß einem demzufolge die alte Botschaft bekannt sein. Dies wirkt sich negativ auf den Erfolg von *Identity-Architektur* aus, denn die architektonische Aussage ist nicht eindeutig.[206]

Bei allen Botschaften sind die verschiedenen Dimensionen von *Identity-Architektur* mehr oder weniger berücksichtigt worden.[207] So werden Raumdynamik, Licht, Farbe, Kunst, Materialien und die Innenraumgestaltung als wichtige Komponenten zum Ausdruck der eigenen Identität eingesetzt. Durch die Verwendung typisch nordischer Materialien wird besonders bei den nordischen Botschaften ein wichtiger Beitrag zur *Identity-Architektur* geleistet. Hinsichtlich der Farbgebung erweckt die britische Botschaft den Eindruck, daß manche Farben wie das Türkis des Informationszentrums oder die rosa Stütze im Wintergarten eher aus Gründen der Auffälligkeit denn als identitätsstiftendes Element verwendet wurden. Wilford setzt jedoch, wie bereits festgestellt, auch zahlreiche „britische" Farben ein. Als Mittel zur Provokation und Aufmerksamkeitsgewinnung leisten die Farben der britischen Botschaft einen beachtlichen Beitrag zur *Identity-Architektur*, denn sie sorgen für visuelle Prägnanz und für ein merkfähiges Erscheinungsbild.[208] Im Vergleich zur britischen Botschaft wirken die grüne Farbe des Kupferbandes und die eher zurückhaltende Farbgebung des Gemeinschaftshauses bei den nordischen Botschaften besonders „skandinavisch". Hier ist auf Provokation verzichtet worden, wobei die Architektur jedoch nicht weniger auffällig ist.

---

[205] Vgl. B) 2.3.
[206] Vgl. B) 2.3.
[207] Vgl. B) 2.3.
[208] Vgl. B) 2.3.

Wichtig für den Erfolg von *Identity-Architektur* sind zudem die ästhetische Gestaltung und die verantwortungsbewußte Einbindung in das Umfeld, um die Akzeptanz der Öffentlichkeit zu sichern und einen positiven Imageeffekt zu erzielen.[209] Sicherlich sind in Bezug auf die Ästhetik die Meinungen geteilt und manch einem wollen weder die laute Farbigkeit der britischen Botschaft noch der „Fassadengrill"[210] der mexikanischen Botschaft, noch die „gesträubten Nackenhaare"[211] der nordischen Botschaften gefallen. Eindruck gemacht hat dagegen die Idee der nordischen Länder, sich als eine Gemeinschaft zu präsentieren. So gilt der Komplex der sichtbaren Zusammenarbeit schon an sich als ein „Meisterwerk der Diplomatie"[212] und als ein „wunderbares Signal für ein gemeinsames Europa".[213] Bewundert wird auch die besondere Harmonie in Form und Material der einzelnen Gebäude, so als gäbe es ein gemeinsames „nordisches Unterstatement".[214] Das einende Kupferband stößt jedoch auch auf Kritik, indem man es für wenig einladend hält. Die „hermetisch verschlossene Anlage",[215] zusammengehalten von einem „grünen Klebeband",[216] fordere ein wenig selbstverliebt, daß man sie umschreitet, ehe sie einem Einblick gewährt. Auch im Inneren der Anlage beengt das Kupferband für manch einen den Blick nach außen; sogar zu einer Art Ausbruchsverhalten fühle man sich durch den „grünen Zaun"[217] provoziert. Anstelle die Landschaft zu integrieren, würde der Tiergarten auf diese Weise ausgesperrt werden. Diese Ansichten würden einer gelungenen *Identity-Architektur* widersprechen. Andererseits repräsentieren die nordischen Botschaften mit ihrem Botschaftskomplex die

---

[209] Vgl. B) 2.2.
[210] Wefing, H.: „Hinter dem Fassadengrill, Schöner Schein: Die neue mexikanische Botschaft in Berlin", *Frankfurter Allgemeine Zeitung*, Nr. 275, vom 25.11.2000, S. 41.
[211] Welzbacher, Ch.: „Hinter dem Kupferband", *Frankfurter Allgemeine Zeitung*, Nr. 249, vom 26.10.1999, S. 59.
[212] Meixner, S.:„Faelleshusest ist ein Meisterwerk der Diplomatie", *Die Welt*, Nr. 238-41, vom 12.10.1999, S. 43.
[213] Schweitzer, E.: „Erster Spatenstich am historischen Diplomatenviertel, *Der Tagesspiegel*, Nr. 15973, vom 8.5.1997, S. 11.
[214] Herdt, T.: „Eine Botschaft an Berlin", *Die Zeit*, Nr. 44, vom 28.10.1999, S. 50.
[215] Welzbacher, Ch.: „Hinter dem Kupferband", *Frankfurter Allgemeine Zeitung*, Nr. 249, vom 26.10.1999, S. 59.
[216] Ebd.
[217] Zohlen, G.: „Was die Botschaft der Landschaft ist", *Süddeutsche Zeitung*, Nr. 243, vom 22.10.1999, S. 18.

Werte des Nordischen Rats, in dem sich gleichberechtigte Nationalstaaten zu einer Gemeinschaft zusammengeschlossen haben. Diese Idee wurde in hervorragender Weise durch die Architektur des Gesamtkomplexes ausgedrückt, so daß es sich schon allein in Bezug auf diesen Aspekt um beispiellose *Identity-Architektur* handelt.

Auch die mexikanische Botschaft löst als „vielleicht spektakulärster Botschaftsneubau"[218] wohlwollende Reaktionen in der Öffentlichkeit aus und hat sich zu einem begehrten Fotoobjekt entwickelt. Besonders die innovative Form der Fassade und das leuchtende Material aus Marmorbeton rufen Begeisterung hervor. Dagegen wird kritisiert, daß die Details im Inneren nicht zur imposanten Straßenansicht passen. Kleine Büros, Türklinken von der Stange, wackelige Rollos und die wie abgestellt wirkende Pflanzentreppe im Foyer „karikieren die Grandezza"[219] des Auftritts. Diese Ansicht läßt vermuten, daß hier die Umsetzung von *Identity-Architektur* nicht gelungen ist. Es würde aber zu weit gehen, zu behaupten, die Botschaft sei nichts als Fassade. Das Foyer und die Wucht des Zentralzylinders führen im Gegenteil die Monumentalität, Modernität und Unkonventionalität der Fassade im Inneren fort. Kleine Büros hin oder her, die Mitarbeiter fühlen sich nach eigenen Angaben sehr wohl an ihrem Arbeitsplatz, so daß das Ziel von *Identity-Architektur* hier ohne Zweifel erreicht wurde.

Die britische Botschaft strahlt durch ihre Farbigkeit Optimismus aus. Ihre architektonische Botschaft hätte kaum „frischer, weltoffener und sympathischer ausfallen können".[220] Als Werbeagentur für Großbritannien lockt sie die Öffentlichkeit in ein „schräges, buntes und technizistisches Cool Britannia"[221] hinein. Dabei wird die Baugeschichte der Umgebung interpretiert, ohne in Ehrfurcht zu erstarren. Manche Traditionalisten „schäumen dagegen vor Wut über die lila Botschaft".[222] Ihr erster Auftrag sei offensichtlich die Außenwirkung, denn Baukunst

---

[218] Schnaas, D.: „Frohe Botschaft", *Wirtschaftswoche*, Nr. 52, vom 21.12.2000, S. 29.
[219] Wefing, H.: „Hinter dem Fassadengrill, Schöner Schein: Die neue Mexikanische Botschaft in Berlin", *Frankfurter Allgemeine Zeitung*, Nr. 275, vom 25.11.2000, S. 41.
[220] Strodthoff, W.: „Offen und hell, alles andere als staatstragend steif", *Kölner Stadt-Anzeiger*, vom 19.7.2000, nicht paginiert.
[221] Wefing, H.: „Tony Blairs Gesandte wohnen nicht im Herrenclub", *Frankfurter Allgemeine Zeitung*, Nr. 162, vom 15.7.2000, S. 43.
[222] Schubert, P.: „Michael Wilford, Baumeister der Queen", *Berliner Morgenpost* vom 18.7.2000, nicht paginiert.

könne man die „bonbonfarbenen Kuben"[223] kaum nennen. Die Berliner scheinen dagegen größtenteils begeistert von der eigenwillig gestalteten Botschaft zu sein.[224] Auch in Großbritannien fühlt man sich durch dieses „fashion statement",[225] das eine „summation of a current philosophie"[226] darstellt in angemessener Weise repräsentiert. Diese Reaktionen zeigen, daß es sich auch hier um gelungene *Identity-Architektur* handelt. Die oben genannte Kritik zur Außenwirkung kann im Sinne von *Identity-Architektur* als Kompliment gewertet werden, denn durch *Identity-Architektur* soll gerade Außenwirkung erreicht werden.

Die Reaktionen zur französischen Botschaft bleiben vorerst noch abzuwarten. Auffällig ist, daß sich das Besondere des Projekts hauptsächlich im Inneren der Botschaft abspielt.[227] Dies ist im Rahmen von *Identity-Architektur* problematisch, da die Chancen der positiven Außenwirkung ungenutzt bleiben. Im Vergleich zu den anderen Botschaften scheint hier die Umsetzung von *Identity-Architektur* also weniger gut gelungen zu sein. Gerechterweise ist anzumerken, daß die Kreativität wegen der strengen Baurichtlinien am Pariser Platz stark eingeschränkt war. Möglicherweise hoffte man auch, daß die Tatsache sich an einem der wichtigsten Plätze in Berlin zu befinden, schon allein für genügend Außenwirkung sorgt. Am Entwurf wird vor allem positiv bewertet:

> „cette union équilibrée entre tradition et modernité [qui] donne avec ce projet une bonne interprétation de l'esprit français dans un Berlin rénové."[228]

In allen Botschaften war man sich einig, daß die Architektur der Neubauten einen sehr positiven Einfluß auf das eigene Image hat und das Wir-Bewußtsein der Mitarbeiter fördert.[229] Damit sind wichtige Ziele von *Identity-Architektur* erfüllt worden. Obwohl einzelne Aspekte der Selbstdarstellung kritisiert werden, ist die äs-

---

[223] Hoffmann, H. W.: „Ikone der Interdependenz", *Frankfurter Rundschau*, Nr. 271/47, vom 28.7.2000, S. 19.
[224] Vgl. Meixner, S.: „7000 Berliner begeistert von der neuen britischen Botschaft", *Die Welt*, Nr. 270-46, vom 20.11.2000, S. 29.
[225] Karacs, I.: „Britain rebuilds Berlin embassy", *The Independent*, vom 30.6.1998, S. 13.
[226] Ebd.
[227] Vgl. Rambert, F.: „Berlin: Portzamparc sur la Pariser Platz", *Le Figaro* vom 29.5.1997, nicht paginiert.
[228] Cardani, E.: „Rigureux et équilibré", in: *L'Arca International* 18, November 1997, S. 16.
[229] Erst nach Fertigstellung kann hier für die französische Botschaft eine gültige Aussage gemacht werden.

thetische und städtebauliche Integration bei allen Botschaften gelungen, was an der überwiegend positiven Reaktion der Öffentlichkeit abzulesen ist. Allein das starke Medieninteresse am Neubau sorgt bei den diplomatischen Vertretungen für eine Erhöhung des Bekanntheitsgrads, womit ein weiteres Ziel von *Identity-Architektur* erreicht ist.

Die untersuchten Botschaften sind nachahmenswerte Beispiele einer gelungenen Umsetzung von *Identiy-Architektur*. Es handelt sich um den sogenannten „symbolischen Weg" der Umsetzung,[230] denn hier entstand nicht nur hervorragende Architektur, sondern Architektur, die nationale Identität repräsentiert ohne dabei das Wohlbefinden der Mitarbeiter, noch die städtebauliche Integration zu vernachlässigen. Besonders hervorzuheben ist in diesem Zusammenhang der nordische Botschaftskomplex, der die eigene Identität durch landestypische Gestaltung und durch Gemeinschaftssinn auf außergewöhnliche Weise repräsentiert. Dieser Auftritt ist in Berlin zu einem Wahrzeichen für den Norden geworden.[231] Die Architektur ist hier nicht nur Ausdruck der Identität, sondern sie ist inzwischen schon Teil dieser Identität geworden.

---

[230] Vgl. B) 2.4.
[231] In diesem Zusammenhang ist es nicht erstaunlich, daß die Bushaltestelle vor dem Botschaftskomplex inzwischen in „Nordische Botschaften" umbenannt wurde.

D) SCHLUSSBETRACHTUNG UND AUSBLICK

Ziel dieser Studie war es, die besondere Bedeutung der Architektur im Konzept von *Corporate Identity* herauszuarbeiten und das große Wirkungspotential von *Identity-Architektur* aufzuzeigen. Entscheidend war dabei zunächst die Erkenntnis, daß Architektur kommuniziert und so als Medium zur Übertragung von Botschaften gezielt eingesetzt werden kann. Die vorangehenden Ausführungen haben deutlich gemacht, daß Architektur ein effektives Instrument zur Positionierung von Organisationen darstellt, da über sie besondere Qualitäten, innere Werte und Vorstellungen zum Ausdruck gebracht werden können. Dabei entstehen durch *Identity-Architektur*, deren Ziel im Rahmen von *Corporate Identity* die architektonische Darstellung der Identität einer Organisation ist, eine Vielzahl positiver Wirkungen.

Identity-Architektur rundet das gesamte Erscheinungsbild ab und sorgt für einen einprägsamen, individuellen Auftritt in der Öffentlichkeit. Über die Architektur ist die Unterscheidung von anderen Organisationen am deutlichsten wahrnehmbar. *Identity-Architektur* schafft aber auch Identifikation mit der Organisation unter den Mitarbeitern und sorgt so für gesteigerte Motivation, was sich wiederum auf die Effizienz und Produktivität auswirkt. An der städtebaulichen und ökologischen Integration des Neubaus läßt sich ablesen, ob die Organisation ihre gesellschaftliche Verantwortung ernst nimmt, was zu Akzeptanz und Vertrauen in einer kritischen Öffentlichkeit führt. Damit ist Architektur ein äußerst wirksames Mittel, um das eigene Image positiv zu beeinflussen.

Darüber hinaus wurde festgestellt, daß das *CI*-Konzept von der Wirtschaft auch auf andere Institutionen übertragbar ist. In diesem Zusammenhang kann eine *CI*-Strategie auch für Botschaften einen wesentlichen Beitrag zu Positionierung in der Öffentlichkeit leisten, wobei dem äußeren Erscheinungsbild die meiste Bedeutung zukommt. Das Beispiel der neuen Botschaftsgebäude in Berlin zeigt, welchen bedeutenden Beitrag Architektur zur Profilierung der nationalen Identität leistet. Dabei muß man, wie die betrachteten Gebäude zeigen, keine deutlichen Symbole verwenden oder sich gängiger Klischees in bezug auf die nationale Identität bedienen, damit die Aussage verstanden wird. Vielmehr zeigen die untersuchten Gebäude, daß Architektur, die sich am Selbstverständnis und an der zentralen Idee orientiert, in der Umsetzung äußerst vielfältig ist.

Aus der Untersuchung geht zudem hervor, daß die Architektur der Botschaften eine überaus positive Wirkung, sowohl auf das eigene Image als auch auf die Identifikation der Mitarbeiter mit der Institution hat. Schon allein das große Medieninteresse am Neubau ist für die Botschaften ein äußerst positiver Nebeneffekt, der als Marketingfaktor nicht zu unterschätzen ist. Der Bekanntheitsgrad der Botschaften ist bedeutend gestiegen, und die Gebäude sind zu jeweils nationalen Wahrzeichen in Berlin geworden, die im Stadtbild nicht zu übersehen sind. Man kann hier tatsächlich von einer dauerhaften Weltausstellung in Berlin sprechen. Außerdem leistet *Identity-Architektur*, wie man an den Botschaftsgebäuden sehen kann, einen wesentlichen Beitrag zum städtischen Erscheinungsbild und zwar sowohl auf ästhetischer als auch auf kultureller Ebene. Es handelt sich nicht einfach nur um moderne Architektur, sondern sie ist eine Aussage über das jeweilige nationale Selbstverständnis. Das große Interesse der Öffentlichkeit an den Gebäuden läßt sich neben dem ästhetischen Wert eben auch dadurch erklären, daß ein Anreiz besteht zu erfahren, welche Aspekte der architektonischen Gestaltung die landestypischen Besonderheiten widerspiegeln. So profitieren nicht nur die Botschaften von den positiven Effekten durch ihre Architektur, sondern auch die Stadt Berlin, da die Botschaftsneubauten inzwischen einen touristischen Anziehungspunkt darstellen. Vor diesem Hintergrund erscheint es erstaunlich, daß Architektur als wichtiges Element von *Corporate Identity* nach wie vor vernachlässigt wird.

Warum also wird Architektur so selten zur Selbstdarstellung eingesetzt, und warum wird die Wirkung von Architektur so häufig unterschätzt? Dafür gibt es wohl mehrere Gründe. Zum einen ist Geld ein entscheidender Faktor, denn ein Neubau erfordert hohe finanzielle Mittel. Manche Bauherren wollen hier verständlicherweise sparen und begnügen sich mit „Schönheitsreparaturen". Zum anderen handelt es sich bei *Identity-Architektur* um eine langfristige und umfassende Veränderung, bei der ein altes Gebäude meist abgerissen werden muß. Dies ist für viele Organisationen nicht durchführbar, wobei man jedoch anmerken muß, daß Firmenneubauten gerade im Zuge von Expansionen und Fusionen nicht gerade selten sind, so daß man hier wirklich auf *Identity-Architktur* zurückgreifen könnte. Für die Botschaften waren hier die Umstände äußerst günstig, da viele der diplomatischen Vertretungen in der neuen Hauptstadt auf Neubauten angewiesen waren und so die Chance zur Selbstdarstellung nutzen konnten.

Erfolgreiche *Identity-Architektur* muß zudem äußerst gewissenhaft durchdacht werden und erfordert eine sorgfältige Planung im Vorfeld, damit sie für eine lange Zeitspanne gültig ist. Architektur kann man schließlich nicht einfach auswechseln wie einen Briefkopf, wenn er ausgedient hat und dem eigenen Selbstverständnis nicht mehr entspricht. Dieser Verantwortung fühlen sich viele Bauherren nicht gewachsen. Das Problem liegt aber auch in der Denkweise von Architekten und Bauherren. Während sich die Architekten wenig mit dem *Corporate Identity*-Gedanken und unternehmerischen Zielsetzungen beschäftigen und zumeist hauptsächlich Künstler oder Ingenieure sind, können Bauherren oft keine klare Vorgaben geben, weil sie ein *CI*-Konzept nicht gezielt angehen, sondern sich mit einem Rohkonzept ohne klare Vorgaben begnügen. Parallel dazu erscheint es problematisch, daß viele Architekten ihren Auftrag auch als Möglichkeit sehen, sich unter ihren Berufsgenossen zu profilieren und die anderen zu übertrumpfen. Damit wird jedoch nur für das Ansehen im Wettbewerb untereinander gebaut, so daß der Bauherr letztendlich die Selbstdarstellung des Architekten finanziert.

Es gibt aber auch ganz formale Hindernisse. Ein restriktives Baurecht kann eventuell zu einem Problem für *Identity-Architektur* werden. Besonders das Beispiel der Britischen Botschaft in Berlin zeigt jedoch, daß ein kreativer Architekt auch unter erschwerten Bedingungen ein besonderes Ergebnis erzielen kann, welches das Selbstverständnis widerspiegelt und Aufmerksamkeit erregt. Ebenso problematisch können modische Wandlungen sein, die sich auf das ästhetische Empfinden der Gesellschaft auswirken. Dieses Problem ist allzu offensichtlich, betrachtet man mit unserem heutigen Geschmack die Gebäude, die in den siebziger Jahren entstanden sind. Damals galten sie als modern und fortschrittlich, während sie heute zumeist als störend empfunden werden. Dabei sollte noch einmal die Forderung betont werden, nicht nach modischen Aspekten zu bauen, sondern im Einklang mit dem Selbstverständnis, um eine lange Gültigkeit und positive Ausstrahlung zu gewährleisten.

Schließlich sollte man darauf hinweisen, daß die psychologische und physiologische Wirkung der Architektursprache noch weiter erforscht werden muß, um Formen, Materialien und Farben gezielt im Sinne von *Identity-Architektur* einsetzen zu können und damit auch die gewünschte Wirkung zu erzielen. Solange man die Wirkungsqualität von Architektur nicht überprüft, kann man hier auch nur mit ungenauen Mitteln arbeiten.

Die Notwendigkeit eines *CI*-Konzepts ist heute bei den meisten Unternehmen und auch bei vielen Organisationen schon eine akzeptierte Selbstverständlichkeit. Wird dieses Konzept konsequent verfolgt, so muß es auch Auswirkungen auf die Architektur haben. Sicherlich ist gerade im *Non-Profit* Bereich das Bewußtsein, seine Identität durch die Architektur zum Ausdruck zu bringen, schon viel länger vorhanden als bei Unternehmen, die das große Wirkungspotential von Architektur erst langsam erkennen. Beobachtet man jedoch den verbreiteten Willen zur architektonischen Selbstdarstellung, der gerade in der neuen Hauptstadt Berlin an jeder Stelle zu finden ist, so scheinen die Tage der gesichtslosen Zweckbauten gezählt. In diesem Sinn soll die vorliegende Studie einen Anstoß liefern, Architektur als wichtigen Baustein einer *Corporate Identity*-Strategie zu etablieren.

E) BIBLIOGRAPHIE

ANTONOFF, ROMAN: „Die Bedeutung der Architektur für die Unternehmensidentität - ein Gespräche mit Peter M. Bode", in: *CI-Report 86/87, Unternehmenskultur, Unternehmenskommunikation, Unternehmensgestalt*, hrsg. v. Frankfurter Allgemeine Zeitung, Darmstadt 1986, S. 41-44.

ANTONOFF, ROMAN: „Über die Nützlichkeit der Corporate Identity", in: *CI-Report 86/87, Unternehmenskultur, Unternehmenskommunikation, Unternehmensgestalt*, hrsg. v. Frankfurter Allgemeine Zeitung, Darmstadt 1986, S. 32-54.

BIRKIGT, KLAUS, STADLER, MARINUS M., FUNCK, HANS JOACHIM: „Corporate Identity – Grundlagen", in: *Corporate Identity, Grundlagen, Funktionen, Fallbeispiele*, 6. Auflage, Landsberg/Lech 1993, S. 11-62.

DALDROP, NORBERT: „C.I. und Architektur – mehr als nur Fassade", in: *Kompendium Corporate Identity und Corporate Design*, hrsg. v. derselbe, Stuttgart 1997, S. 58-68.

DREYER, MATTHIAS, SWIETER, DETLEF: *Corporate Identity – eine identitätsorientierte Strategie für Museen*, Diskussionspapier Nr. 202, Universität Hannover April 1997.

ECO, UMBERTO: *Einführung in die Semiotik*, 8. Auflage, München 1994.

ERIKSON, ERIK. H.: *Identität und Lebenszyklus*, Frankfurt/ Main 1980.

GERKAN V., MEINHARD: *Architektur im Dialog, Texte zur Architekturpraxis*, Berlin 1995.

GERKEN, GERD: „Kultur...aus Stein gebaut, Zur Methodologie der Identity-Architektur", in: *Mehr Produktivität durch gute Räume, Manager entdecken die Wirkung der Architektur*, hrsg. v. G. Luedecke, Düsseldorf 1991, S. 63-98.

GUTJAHR, GERD, KELLER, INGRID: „Corporate Identity – Meinung und Wirkung", in: *Grundlagen, Funktionen, Fallbeispiele*, hrsg. v. K. Birkigt, M. M. Stadler, H. J. Funck, 6. Auflage, Landsberg/Lech 1993, S. 77-96.

HEINRICH, DIETER: „Corporate Identity, Zum inneren Wandel des Identitätskonzepts", in: *Mehr Produktivität durch gute Räume, Manager entdecken die Wirkung der Architektur*, hrsg. v. G. Luedecke, Düsseldorf 1991, S. 39-61.

KLAR, MICHAEL: „Das Ganze ist mehr als die Summe seiner Teile", in: *Kompendium Corporate Identity und Corporate Design*, hrsg. v. N. Daldrop, Stuttgart 1997, S. 24-29.

KROEHL, HEINZ: *Corporate Identity als Erfolgskonzept im 21. Jahrhundert*, München 2000.

KRÜGER, THOMAS M.: *Britische Botschaft Berlin*, Die neuen Architekturführer Nr. 23, Berlin 2000.

KUTSCHINSKI-SCHUSTER, BIRGIT: *Corporate Identity für Städte, Eine Untersuchung zur Anwendbarkeit einer Leitstrategie für Unternehmen auf Städte*, Reihe Designtheorie, Bd.1, hrsg. v. S. Maser, Essen 1993.

LANG, ERNST M.: „Vorwort", in: *Das kultivierte Unternehmen – Funktion und Bedeutung der Architektur im System der „Corporate Identity"*, Dokumentation eines Symposiums, hrsg. v. Bayerische Architektenkammer, Akademie für Fort- und Weiterbildung, München 16.3.1989, S. 5.

LANKES, CHRISTIAN: *Politik und Architektur. Eine Studie zur Wirkung politischer Kommunikation auf Bauten staatlicher Repräsentation*, München 1995.

LINGENFELDER, MICHAEL, SPITZER, LOTHAR: *Determinanten der Realisierung und Wirkungen einer Corporate Idenity*, Arbeitspapier Nr. 62, Mannheim 1987, S.10-21.

LINNEWEH, KLAUS: „Corporate Identity - ein ganzheitlicher Ansatz", in: *Kompendium Corporate Identity und Corporate Design*, hrsg. v. N. Daldrop, Stuttgart 1997, S.10-21.

LUEDECKE, GUNTHER: „Das Haus für den Geist – Der Geist des Hauses", in: *Mehr Produktivität durch gute Räume. Manager entdecken die Wirkung der Architektur*, hrsg. v. derselbe, Düsseldorf 1991, S. 9-22.

MAYR-KEBER, GERT M.: „Strukturelemente der visuellen Erscheinung von Corporate Identity", in: *Corporate Identity, Grundlagen, Funktionen, Fallbeispiele*, hrsg. v. K. Birkigt, M. M. Stadler, H. J. Funck, 6. Auflage, Landsberg/Lech 1993, S. 290-320.

MEYER, ULF: *Bundeshauptstadt Berlin, Parlament, Regierung, Landesvertretungen, Botschaften*, Berlin 1999.

MÜLLER, WERNER, VOGEL, GUNTHER: *dtv-Atlas zur Baukunst, Tafeln und Texte*, Bd.1, 9. Auflage, München 1992.

NOVOTNY, FRITZ: „Ein Geist wird zur Materie, Wie man einen Firmengeist baut", in: *Mehr Produktivität durch gute Räume, Manager entdecken die Wirkung der Architektur*, hrsg. v. G. Luedecke, Düsseldorf 1991, S. 115-123.

REGENTHAL, GERHARD: *Identität und Image, Corporate Identity, Praxishilfen für das Management in Wirtschaft, Bildung und Gesellschaft*, Köln 1992.

REDECKE, SEBASTIAN, STERN, RALPH: *Foreign Affairs - Neue Botschaftsbauten und das Auswärtige Amt in Berlin*, Berlin 1997.

RODENSTOCK, ROLF: „Einführung", in: *Das kultivierte Unternehmen – Funktion und Bedeutung der Architektur im System der „Corporate Identity"*, Dokumentation eines Symposiums, hrsg. v. Bayerische Architektenkammer, Akademie für Fort- und Weiterbildung, München 16.3.1989, S. 9-10.

SIEBENHAAR, K.: Identität und interkulturelles Management. CI-Strategien für den Non-Profit-Bereich", in: *Kulturmanagement: Wirkungsvolle Strukturen im kommunalen Kulturbereich*, hrsg. v. K. Siebenhaar, M. Pröhl, Ch. Pawlowsky-Flodell, Gütersloh 1993, S. 2-25.

SCHWANZER, BERTHOLD: *Die Bedeutung der Architektur für die Corporate Identity eines Unternehmen. Eine empirische Untersuchung von Geschäften und Bankfilialen*, Diss., Wirtschaftsuniversität Wien, Schriftenreihe empirische Marktforschung, Band 2, Wien 1985.

STAMMBACH, REGULA: *Corporate Identity, Verhaltenswissenschaftliche Grundlagen mit Fallbeispielen aus dem Bereich Einkaufszentren*, Bern 1993.

STANKOWSKI, ANTON: „Das visuelle Erscheinungsbild der Corporate Identity", in: *Corporate Identity, Grundlagen, Funktionen, Fallbeispiele*, hrsg. v. K. Birkigt, M. M. Stadler, H. J. Funck, 6. Auflage, Landsberg/Lech 1993, S. 189-211.

TIEZ, JÜRGEN: „Diplomatische Vertretungen", in: *Hauptstadt Berlin - Denkmalpflege für Parlament, Regierung und Diplomatie 1990-2000*, Beiträge zur Denkmalpflege in Berlin, Bd. 16, hrsg. v. Landesdenkmalamt Berlin, Berlin 2000, S. 169-175.

WEIß, KLAUS-DIETER: *Berger+Parkkinen, Die Botschaften der Nordischen Länder Berlin*, Stuttgart, London 2000.

WIEDMANN, KLAUS-PETER: *Corporate Identity als strategisches Orientierungskonzept, Skizze eines erweiterten CI-Bezugsrahmens als Grundlage einer erfolgreichen Identitätspolitik*, Arbeitspapier Nr. 23, Mannheim 1987.

Broschüren

BERGER, ALFRED, PARKKINEN, TIINA: „The Pan Nordic Building", in: *The Nordic Embassies in Berlin - Die Botschaften der Nordischen Länder in Berlin*, hrsg. v. Nordische Botschaften Berlin, Berlin o. Jahr, S. 6-13.

BERGER, ALFRED, PARKKINEN, TIINA: „Individualität und Gemeinschaft" (Auszug aus dem Wettbewerbstext) in: *Die Botschaften der Nordischen Länder, Berlin Tiergarten*, Publikation hrsg. v. Berger+Parkkinnen, Wien o. Jahr, S. 3-15.

FRIEDRICH, ROBERTO: „El nuevo edificio de la Embajada de México en Berlin", in: *Embajada de México in Alemania, Inauguración del nuevo edificio*, hrsg. v. Secretaría de Relaciones Exteriores, Berlin 2000, S. 6-7.

GAIN, BRUNO: „Avant-propos", in: *Ambassade de France à Berlin*, hrsg. v. Ministère des Affaires Etrangères, Besançon 1997 S. 2-3.

GONZÁLEZ DE LEÓN, TEODORO, SERRANO, FRANCISCO: „El Proyecto", in: *Embajada de México in Alemania, Inauguración del nuevo edificio*, hrsg. v. Secretaría de Relaciones Exteriores, Berlin 2000, S. 10-13.

GURRÍA, ANGEL: „Arquitectura Méxicana Contemporánea en Europa: Ocho Propuestas para la Embajada den México en Berlin", in: *Embajada de México en Berlin, Resultados del concurso para la construcción de la nueva Embajada de México en el Triángulo Klingelhöfer – Wettbewerbsergebnisse zum Neubau der Mexikanischen Botschaft am Klingelhöferdreieck Süd*, hrsg. v. K. Freireiss, H. J. Commerell, Berlin 1997, S. 3-7.

JAQUAND, CORINNE, SAVOY, BENEDICTE: „On danse sous le Tilleuls on danse à la Pariser Platz...", in: *Ambassade de France à Berlin*, hrsg. v. Ministère des Affaires Etrangères, Besançon 1997, S. 10-17.

MADSEN, ERIC F.: (Vorwort) in: *The Nordic Embassies in Berlin - Die Botschaften der Nordischen Länder in Berlin*, Publikation der Nordischen Botschaften in Berlin, o. Ort o. Jahr, S. 1.

MÄKINEN, MATTI K.: „Rückblickende Gedanken eines Jurymitgliedes" in: *Die Botschaften der Nordischen Länder, Berlin Tiergarten*, Publikation hrsg. v. Berger+Parkkinen, Wien o. Jahr, S. 16-17.

O. VERF.: „Teodoro González de León, Francisco Serrano", in: *Embajada de México en Berlin, Resultados del concurso para la construcción de la nueva Embajada de México en el Triángulo Klingelhöfer - Wettbewerbsergebnisse zum Neubau der Mexikanischen Botschaft am Klingelhöferdreieck Süd*, hrsg. v. K. Freireiss, H. J. Commerell, Berlin 1997, S. 68-71.

O. VERF.: „Le concours d'architecture pour l'Ambassade de France à Berlin", in: *Ambassade de France à Berlin*, hrsg. v. Ministère des Affaires Etrangères, Paris 1997, S. 1.

O. VERF.: (Auszüge aus den eingereichten Wettbewerbsunterlagen), in: *Ambassade de France à Berlin*, hrsg. v. Ministère des Affaires Etrangères, Paris 1997, S. 30-40.

PORTZAMPARC DE, CHRISTIAN: „Christian de Portzamparc", in: *Ambassade de France à Berlin*, hrsg. v. Ministère des Affaires Etrangères, Besançon 1997, S. 18-29.

PORTZAMPARC DE, ELISABETH: „La perception des lieux et espaces", in: *Ambassade de France à Berlin*, hrsg. v. Ministère des Affaires Etrangères, Besançon 1998, S. 30-32.

SKOV, JØRGEN: „The Building Projekt", in: *The Nordic Embassies in Berlin - Die Botschaften der Nordischen Länder in Berlin*, o. Ort o Jahr, S. 14-17.

Pressematerial

BEYER, SUSANNE: „Hort der Widersprüche", in: *Der Spiegel*, Nr. 29, vom 17. Juli 2000, S. 192-193.

CARDANI, ELENA: „Rigureux et équilibré", in: *L'Arca International*, Nr.18, November, 1997, S. 16.

DÜSSEL, SUSANNE, THEODORAKOPOULOU, PAMELA: „Wie holten Sie Mexikos Licht nach Berlin, Herr González de Léon?", *Der Tagesspiegel*, Nr. 17240, vom 22.11.2000, S. 26.

GEIPEL, KAYE: „Beyond the facade: Michael Wilford & Partners in Berlin", in: *Architecture Today*, November 2000, S. 42-55.

GEIPEL, KAYE: „Lila, türkis und rot , Die Britische Botschaft in Berlin", in: *Bauwelt*, Nr.37, 2000, S. 22-27.

HERDT, TANJA: „Eine Botschaft an Berlin", *Die Zeit*, Nr. 44, vom 28.10.1999, S. 50.

HOFFMANN, HANS WOLFGANG: „Greencards für die Hombres, Führungsmacht des amerikanischen Kontinents: Teodoro González de León und Francisco Serrano entwarfen die Botschaft Mexikos in Berlin", *Frankfurter Rundschau*, Nr. 271/47, vom 21.11.2000, S. 19.

HOFFMANN, HANS WOLFGANG: „Ikone der Interdependenz", *Frankfurter Rundschau*, Nr. 271/32, vom 28.7.2000, S. 19.

JAEGER, FALK: „Vier Monate lang gehämmert, Neues Bauen in Berlin: Die mexikanische Botschaft von Teodoro Gonsález de León und Francisco Serrano", *Der Tagesspiegel*, Nr. 17245, vom 27.11.2000, S. 28.

KARACS, IMRE: „Britain rebuilds Berlin embassy", *The Independent*, 30.6.1998, S. 13.

KÄPPLINGER, CLAUS: „Hinter dem Kupferband, Fünf nordische Botschaften", in: *Foyer Nr. 02, Die Welt in Berlin, Botschaften und Konsulate für die Hauptstadt*, hrsg. v. Senatsverwaltung für Bauen, Wohnen und Verkehr, 1996, S. 20-21.

MEIXNER, SILVIA:„Faelleshusest ist ein Meisterwerk der Diplomatie", *Die Welt*, Nr. 238-41, vom 12.10.1999, S. 43.

MEIXNER, SILVIA: „7000 Berliner begeistert von der neuen britischen Botschaft", *Die Welt*, Nr. 270-46, vom 20.11.2000, S. 29.

MÖHNINGER, MICHAEL: „Ein Außenposten der roten Karotte", *Berliner Zeitung*, Nr. 239 ZE, vom 13.10.1999, S. 14.

O. VERF.: „Very British: Housewarming in der Britischen Botschaft", in: *Die Welt*, Nr. 279-48, vom 29.11.2000, S. 38.

RAMBERT, FRANCIS: „Berlin: Portzamparc sur la Pariser Platz", *Le Figaro*, vom 29.5.1997, nicht paginiert.

STRODTHOFF, WERNER: „Offen und hell, alles andere als staatstragend steif", *Kölner Stadt-Anzeiger*, vom 19.7.2000, nicht paginiert.

SCHNAAS, DIETER: „Frohe Botschaft", in: *Wirtschaftswoche*, Nr. 52, vom 21.12.2000, S. 29-33.

SCHOEN, ANNALIE: „Ganz Diplomatisch: Botschaften, in: *Foyer Nr. 02, Die Welt in Berlin, Botschaften und Konsulate für die Hauptstadt*, hrsg. v. Senatsverwaltung für Bauen, Wohnen und Verkehr, 1996, S. 5-7.

SCHUBERT, PETER: „Michael Wilford, Baumeister der Queen", *Berliner Morgenpost* vom 18.7.2000, nicht paginiert.

SCHWEITZER, EVA: „Erster Spatenstich am historischen Diplomatenviertel", *Der Tagesspiegel*, Nr. 15973, vom 8.5.1997, S. 11.

WEFING, Heinrich: „Hinter dem Fassadengrill, Schöner Schein: Die neue mexikanische Botschaft in Berlin", *Frankfurter Allgemeine Zeitung*, Nr. 275, vom 25.11.2000, S. 41.

WEFING, HEINRICH: „Tony Blairs Gesandte wohnen nicht im Herrenclub", *Frankfurter Allgemeine Zeitung*, Nr. 162, vom 15.7.2000, S. 43.

WELZBACHER, Christian: „Hinter dem Kupferband", *Frankfurter Allgemeine Zeitung*, Nr. 249, vom 26.10.1999, S. 59.

ZOHLEN, GERWIN: „Was die Botschaft der Landschaft ist", *Süddeutsche Zeitung*, Nr. 243, vom 22.10.1999, S. 18.

Internet

www.France.diplomatie.fr/label_France/architecture/0.5html, Stand: 30.01.2001.

www.nordischebotschaften.org/new/deutsch/info/Arkitekt.html; Stand: 29.11.2000.

www.britischebotschaft.de.

Interviewpartner

REBECCA HUDSON, Marketing Officer, PR-Section, Britische Botschaft; Berlin am 13.2.2001.

HEIKE ANDREES, Projektleitung Britische Botschaft, Architekturbüro Michael Wilford GmbH, Stuttgart am 2.3.2001.

THOMAS ENGASSER, Ingénieur TPE, Französische Botschaft, Berlin am 12.2.2001.

ARTURO TREJO, Gesandter, Mexikanische Botschaft, Berlin am 12.2.2001.

LEENA KEKKONEN, Botschaftsrätin, Finnische Botschaft, Berlin am 13.2.2001.

GERHARD REGENTHAL, Leiter der CI-Akademie, Braunschweig, Telefoninterview
am 7.3.2001.

F) ANHANG

Anhang 1: Pariser Platz

Pariser Platz um 1919 (Abb. 16)

Französische Botschaft um 1934 (Abb. 17)

Quelle: Ambassade de France à Berlin, Besançon 1998.

Anhang 2: Kunstwerke in den Botschaften

Skulptur, Tony Cragg – britische Botschaft (Abb. 18)

Kunstwerke - mexikanische Botschaft (Abb. 19)

Kunstwerke – nordische Botschaften (Abb. 20)

Quelle (Abb. 18, 19): eigene Photographie.
Quelle (Abb. 20): The Nordic Embassies in Berlin, o. Ort o. Jahr.

Anhang 3: Eingang - nordische Botschaften

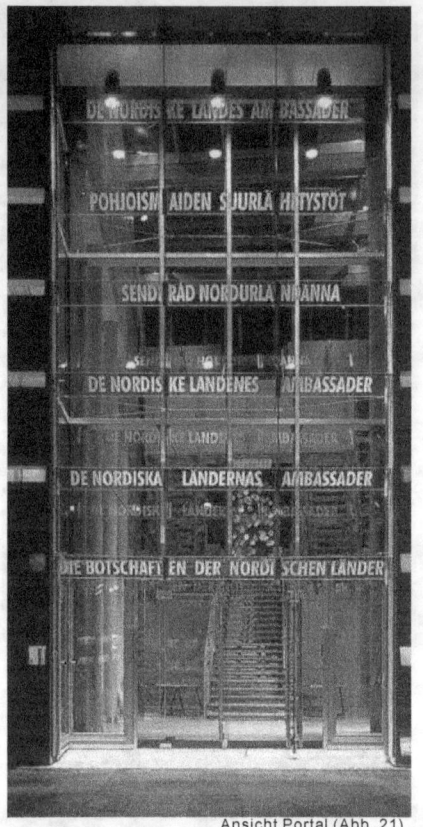
Ansicht Portal (Abb. 21)

Quelle: The Nordic Embassies in Berlin, o. Ort o. Jahr.

Anhang 4: Entwurfskonzept - nordische Botschaften

Skizze Schnittlinien (Abb. 22)

Modell: Gesamtkomplex (Abb. 23)

Quelle (Abb. 22): Berger+Parkkinen, Die Botschaften der nordischen Länder in Berlin, Stuttgart 2000.
Quelle (Abb. 23): Die Botschaften der nordischen Länder in der Bundesrepublik Deutschland, Publikation der nordischen Botschaften, o. Ort o. Jahr.

Anhang 5: Tiergarten

Luftbild: nordische Botschaften und mexikanische Botschaft (Abb. 24)

Quelle: Embajada de México en Alemania, Berlin 2000.

Anhang 6: Interview mit Botschaftsvertretern in Berlin - Fragenkatalog

1) Welche Aufgaben werden in Ihrer Botschaft wahrgenommen?
2) Welche Elemente erscheinen Ihnen bei der Außendarstellung Ihrer Botschaft besonders wichtig?
3) Ergeben sich daraus Konsequenzen für das Erscheinungsbild?
4) Nach welchen Kriterien wurde der Entwurf des Gewinners ausgewählt?
5) Welche Vorgaben wurden an den Architekten gestellt?
6) Welche Ziele sollten mit dem Neubau erreicht werden?
7) Welche Rolle spielte das Image des Architekten bei der Entscheidung?
8) Wie würden Sie den ausgeführten Entwurf beschreiben?
9) Ergab sich aus dem Standort Berlin ein besonderer Gestaltungsanspruch?
10) Welche besonderen Elemente in der Architektur und in der inneren Gestaltung repräsentieren Ihr Land?
11) Welche Wirkung im Außenverhältnis soll mit der Architektur erzielt werden?
12) Welche Wirkung im Innenverhältnis soll mit der Architektur erzielt werden?
13) Inwiefern hat die Architektur der Botschaft Einfluß auf das Image Ihres Landes?
14) Was ist Ihrer Meinung nach typisch für die zeitgenössische Architektur Ihres Landes?
15) Welche Wirkung hat die Architektur der Botschaft Ihrer Meinung nach auf das Stadtbild?
16) Wie und wann kommt die Öffentlichkeit mit dem Gebäude in Kontakt?

Anhang 7: Interview mit Heike Andrees - Fragenkatalog

1) Welche Elemente erscheinen Ihnen in der Außendarstellung einer Botschaft besonders wichtig?
2) Welche Konsequenzen ergaben sich daraus für das Erscheinungsbild?
3) Welche Vorgaben gab es seitens der Bauherren an den Architekten?
4) Welche Überlegungen führten zur Entwurfsidee?
5) Welche Wirkung im Außen- und Innenverhältnis soll mit der Architektur erzielt werden?
6) Inwiefern hat die Architektur der Botschaft Ihrer Meinung nach Einfluß auf das Image von Großbritannien?
7) Was sind typische Elemente der zeitgenössischen Architektur Großbritanniens?
8) Welche Wirkung hat die Architektur der Botschaft ihrer Meinung nach auf das Stadtbild?
9) Ergab sich aus dem Standort Berlin ein besonderer Gestaltungsanspruch?

Anhang 8: Telefoninterview mit Gerhardt Regenthal - Fragenkatalog

1) Welche Bedeutung hat Ihrer Meinung nach die Architektur für die *Corporate Identity*?
2) Hat die Architektur für die CI von Unternehmen eine andere Bedeutung als für die *CI* von *Non-Profit-Organisations*?
3) Welche besonderen Möglichkeiten bietet die Architektur, seine Identität darzustellen?
4) Welche Wirkungen hat eine durchdachte und nach der *CI* ausgerichtete Architektur?
5) Wie schätzen Sie die Imagewirkung von Architektur im System der *CI* ein?
6) Warum wird der Aspekt der Architektur Ihrer Meinung nach im *CI*-Konzept nach wie vor vernachlässigt?

Anhang 9: Adressen der Botschaften

Britische Botschaft
Wilhelmstraße 70-71
10117 Berlin

Französische Botschaft
Kochstraße 6/7
10969 Berlin
(provisorische Unterbringung)

Mexikanische Botschaft
Klingelhöferstraße 3
10785 Berlin

Nordische Botschaften
Rauchstraße 1
10787 Berlin

www.ingramcontent.com/pod-product-compliance
Lightning Source LLC
Chambersburg PA
CBHW070946230426
43666CB00011B/2582